مركز القانون العربي والإسلامي
Centre de droit arabe et musulman
Zentrum für arabisches und islamisches Recht
Centro di diritto arabo e musulmano
Centre of Arab and Islamic Law

الإسلام وتدمير التماثيل
L'Islam et la destruction des statues
Étude comparée sur l'art figuratif en droit juif, chrétien et musulman

I0503257

Sami A. Aldeeb Abu-Sahlieh

Le Centre de droit arabe et musulman

Fondé en mai 2009, le Centre de droit arabe et musulman offre des consultations juridiques, des conférences, des traductions, des recherches et des cours concernant le droit arabe et musulman, et les relations entre les musulmans et l'Occident. D'autre part, il permet de télécharger gratuitement du site www.sami-aldeeb.com un bon nombre d'écrits.

L'auteur

Sami A. Aldeeb Abu-Sahlieh. Chrétien d'origine palestinienne. Citoyen suisse. Docteur en droit. Habilité à diriger des recherches (HDR). Professeur des universités (CNU-France). Responsable du droit arabe et musulman à l'Institut suisse de droit comparé (1980-2009). Professeur invité dans différentes universités en France, en Italie et en Suisse. Directeur du Centre de droit arabe et musulman. Auteur de nombreux ouvrages dont une traduction française, italienne et anglaise du Coran.

Éditions

Centre de droit arabe et musulman
Ochettaz 17
CH-1025 St-Sulpice
Tél. fixe: 0041 (0)21 6916585
Tél. portable: 0041 (0)78 9246196
Site: www.sami-aldeeb.com
Email: sami.aldeeb@yahoo.fr

Table des matières

Introduction

Les trois premiers chapitres de cette étude ont été rédigés initialement pour un colloque qui a eu lieu en novembre 2003 à l'Institut suisse de droit comparé.

Comme dans tous mes écrits, mon but est de répondre aux questionnements que me posent les événements, en effectuant des recherches et en fixant les résultats dans un texte, m'obligeant ainsi à ordonner mes idées de façon plus ou moins logique. Ce texte qui peut être lu en un jour a nécessité trois mois de recherches intensives.

L'événement qui m'a incité à écrire ce texte peut être résumé dans ces deux images tragiques qui valent mille discours:

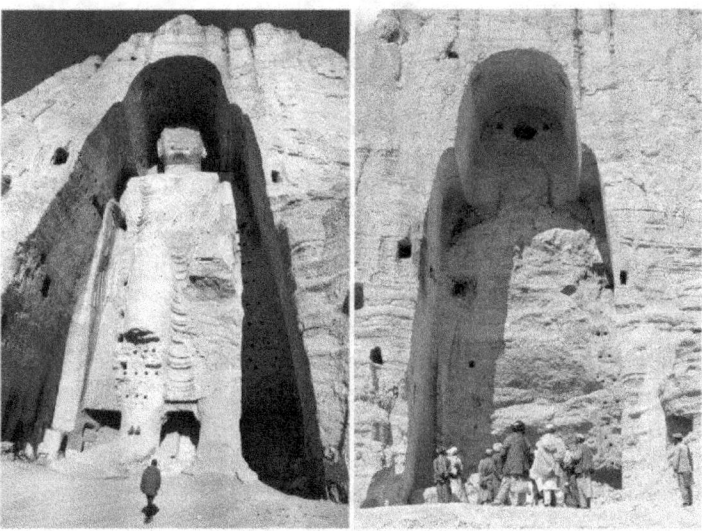

Statue de Bouddha avant et après 2001[1]

Dans la courte introduction du texte original, j'écrivais ce qui suit:

En mars 2001, les Talibans ont détruit les statues géantes de Bouddha et d'autres objets d'art figuratif qui se trouvaient dans les musées afghans.

Des destructions similaires ont eu lieu à travers l'histoire ancienne et contemporaine. Ainsi la chute des régimes communistes en URSS et dans les pays satellites a conduit à la chute des statues des pères fondateurs du communisme et des dignitaires de ces pays; et lors de l'occupation de l'Irak, les Américains et leurs alliés ont procédé à la destruction des statues et des images de Saddam.

---

[1]   http://goo.gl/4qKcLL

Cette attitude appartient à l'instinct animal primaire de domination. Mais contrairement à l'animal, l'homme essayera toujours de justifier ses actes.

Cet article vise à identifier les normes musulmanes relatives à l'art figuratif et à les comparer aux normes juives et chrétiennes. Ceci pourrait permettre à l'avenir de prévenir des gestes similaires à ceux des Talibans.

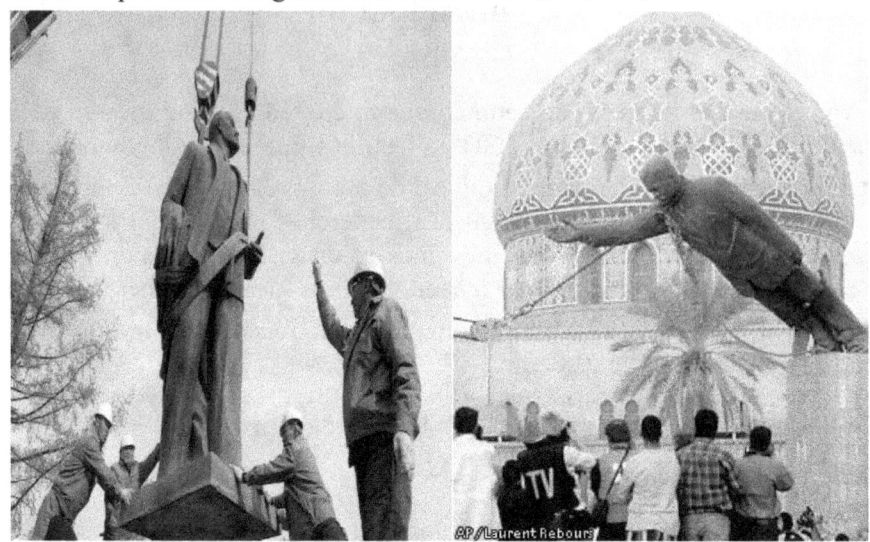

Statues de Lénine[1] et de Saddam[2] victimes de l'iconoclasme moderne

Malheureusement, cette note d'espoir s'avère de plus en plus fausse. Les événements tragiques au Proche-Orient et ailleurs prouvent que l'humain est assoiffé de sang et incapable de s'élever au-dessus de son instinct destructeur. Le choc engendré par la destruction des statues assyriennes de Mossoul et autres vestiges de la civilisation mésopotamienne et l'assassinat des journalistes de Charlie Hebdo ont obligé les autorités religieuses et politiques, y compris en Occident, à sortir du bois pour déculpabiliser l'Islam. Mais leur mensonge cousu de fil blanc ne pouvait cacher la réalité ou tromper le public, exception faite des ignorants et des gens de mauvaise foi.

Certains ont même commis l'imprudence de recourir à des raisonnements que les fanatiques n'hésiteront pas à utiliser pour continuer leurs méfaits. C'est ainsi que le Mufti égyptien a condamné la destruction des statues assyriennes et rejeté l'argumentation des fanatiques en affirmant que ces statues n'étaient pas adorées et qu'on devait sauvegarder les antiquités. Ce qui signifie indirectement que les fanatiques peuvent continuer à détruire tout ce qui est lié à un culte ou qui n'est pas classé comme antiquité. Ainsi, les statues dans les églises, les croix, les statues de Bouddha et les divinités hindouistes ne bénéficient d'aucune protection. De même, les autorités ont condamné l'assassinat des journalistes de Charlie Hebdo, mais en

---

[1]   http://goo.gl/rKumZZ

[2]   http://goo.gl/HZO75a

même temps elles ont accusé ces derniers d'avoir publié des dessins de Mahomet. Ce qui signifie que ces journalistes n'ont eu que ce qu'ils ont mérité.

La folie destructrice et meurtrière des fanatiques musulmans nous a poussés à republier ce texte avec des ajouts en rapport avec les derniers événements. Ces ajouts se trouvent surtout dans les quatrième et cinquième parties consacrées respectivement au printemps arabe et l'art figuratif, et à l'affaire Charlie Hebdo. Nous estimons que les trois premières parties restent valables, malgré les dix années passées depuis leur publication, et nous nous limitons en ce qui les concerne à quelques retouches et à une actualisation des liens internet. Tous les liens ont été vérifiés le 23 mars 2015.

Ces lignes ne seront pas les dernières à dénoncer les pratiques des fanatiques musulmans. Il est nécessaire de bien diagnostiquer le mal si on veut y mettre un jour fin, sans pour autant oublier que tout combat pour la civilisation doit être continu. Il faut rester toujours éveillé et ne pas laisser les religieux et les politiciens tromper le public en disculpant l'islam de ces pratiques barbares qui, quoi qu'ils en disent, font partie intégrante de ses normes comme le démontre cette étude.

Dans la conclusion de la version initiale de cette étude, j'écrivais sous le titre *Hibernation et réveil des normes religieuses*:

> En droit positif, une norme antérieure est abrogée par une nouvelle norme voulue par le souverain. En droit religieux, les normes sont restées figées depuis la fin de la révélation. Personne n'a le droit de changer le texte ainsi fixé, texte supposé régir la société en tout temps et en tout lieu. On peut exploiter ses contradictions et faire usage des permissions (en cas de nécessité par exemple), mais on ne peut le déclarer caduc, même s'il lui arrive de tomber dans un état d'hibernation pendant des siècles. Il suffit que quelqu'un vienne le dépoussiérer pour que le texte religieux retrouve toute sa vigueur. Ceci s'est vérifié avec la destruction des statues de Bouddha en Afghanistan, et cela risque sans doute d'arriver si demain des mouvements islamistes prennent le pouvoir ailleurs.
>
> Slimane Benaïssa, auteur, metteur en scène et acteur algérien, a composé une pièce comique intitulée Prophètes sans dieu[1], qui traite exclusivement de la question de la représentation des prophètes. Il fait rencontrer un juif, un chrétien et un musulman supposés jouer respectivement le rôle de Moïse, de Jésus et de Mahomet. Le musulman cependant refuse de jouer le rôle de Mahomet parce que sa religion le lui interdit. Dans une conversation téléphonique que j'ai eue avec Slimane Benaïssa, celui-ci estime que si demain les islamistes prennent le pouvoir en Égypte ou ailleurs ils feront exactement ce qu'ont fait les Talibans en Afghanistan et détruiront toutes les statues qu'ils trouveront sur leur chemin.

---

[1] Benaïssa, Slimane: Prophètes sans dieu, Lansman, Carnières-Morlanwelz, Lansman, 2001.

Le problème du réveil des normes religieuses ne se pose pas uniquement en rapport avec l'art, mais s'étend pratiquement à tous les domaines couverts par le droit religieux.

Dix ans après la publication de ces lignes, les prédictions de Slimane Benaïssa se sont réalisées et risquent de se réaliser à l'infini.

Signalons ici que l'héritage culturel est régi par des conventions internationales et des lois nationales. Ainsi l'article 4 de la Convention concernant la protection du patrimoine mondial, culturel et naturel de 1972[1] dispose:

> Chacun des Etats parties à la présente Convention reconnaît que l'obligation d'assurer l'identification, la protection, la conservation, la mise en valeur et la transmission aux générations futures du patrimoine culturel et naturel visé aux articles 1 et 2 et situé sur son territoire, lui incombe en premier chef. Il s'efforce d'agir à cet effet tant par son propre effort au maximum de ses ressources disponibles que, le cas échéant, au moyen de l'assistance et de la coopération internationales dont il pourra bénéficier, notamment aux plans financier, artistique, scientifique et technique.

Dix-neuf pays arabes, pour ne citer qu'eux, ont ratifié cette convention, l'ont acceptée ou y ont adhéré[2]. Tous ces pays ont intégré dans leurs systèmes juridiques respectifs des normes similaires. Les islamistes cependant n'en tiennent pas compte du fait que les normes religieuses sont à leurs yeux supérieures aux normes positives. Il en résulte un conflit sans fin et des destructions sans limites du patrimoine culturel de ces pays et des autres pays de par le monde. Sans la désacralisation des normes religieuses islamiques, aucun espoir de mettre fin à ce problème n'est possible.

---

[1]   http://goo.gl/HhFK6m

[2]   http://goo.gl/sJx6OG. Il s'agit des pays suivants: Algérie, Arabie saoudite, Bahreïn, Egypte, Emirats arabes unis, Iraq, Jordanie, Koweït, Liban, Libye, Maroc, Mauritanie, Oman, Palestine, Qatar, Syrie, Soudan, Tunisie et Yémen

Chapitre I.
Les normes juives

1) Précédent historique

La civilisation égyptienne, tout comme la civilisation mésopotamienne, a mis l'art figuratif au service de la divinité et du pouvoir. Les statues et les images les rapprochaient du peuple. Comme toute civilisation, elle a eu ses tentations d'iconoclasme. Ainsi, au Musée du Caire, on voit des statues de Pharaons en pièces trouvées au fond de puits dans lesquels leurs successeurs les avaient jetées après les avoir brisées.

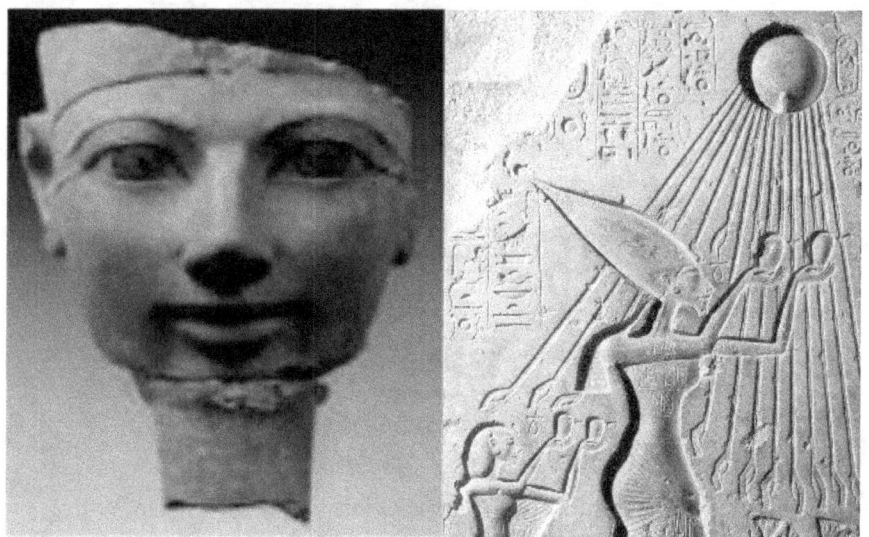

Hatshepsout (1490-1468 avant J.-C.)[1]   Akhenaton (1372-1354 avant J.-C.)[2]

Sur le plan religieux, l'Égypte avait une pratique plutôt tolérante à l'égard de l'art figuratif. On signale cependant un cas d'iconoclasme religieux survenu durant les trois, voire les cinq dernières années du pouvoir d'Akhenaton qui a régné de 1372 environ jusqu'en 1354 avant J-C. Ce Pharaon, que l'on considère comme le père du monothéisme, a déclaré le Soleil, Aton, seule et unique divinité, et a ordonné la fermeture des temples des autres divinités et la destruction de leurs statues. Une inscription provenant de sa capitale Akhet-Aton (Tell Al-Amarna) dit que le Dieu Aton "se façonne lui-même avec ses mains, et aucun sculpteur ne le connaît". Le

---

[1]   http://goo.gl/JANbHW
[2]   http://goo.gl/Ugs88d

seul trait humain conservé d'Aton se manifeste par des mains au bout des rayons du soleil, qui donnent le signe de vie au roi pour entretenir la création. Ceci n'empêcha pas la représentation du Pharaon et de sa femme Néfertiti en compagnie du disque solaire. A sa mort, la ville d'Akhet-Aton fut abandonnée. Tout ce qui se rapportait à ce Pharaon fut détruit et le culte d'Amon et de tous les autres dieux fut rétabli. Akhenaton fut désigné par ses successeurs comme étant le "criminel d'Akhet-Aton"[1].

L'historien grec Strabon (décédé en 21 ou 25) estime que les juifs sont originaires d'Égypte[2]. Freud (décédé en 1939) a émis l'hypothèse que Moïse appartenait à la famille d'Akhenaton et qu'il a quitté l'Égypte à la mort de ce dernier pour fonder son monothéisme en Palestine[3]. Cela pourrait-il expliquer l'attitude de la Bible à l'égard de l'art figuratif?

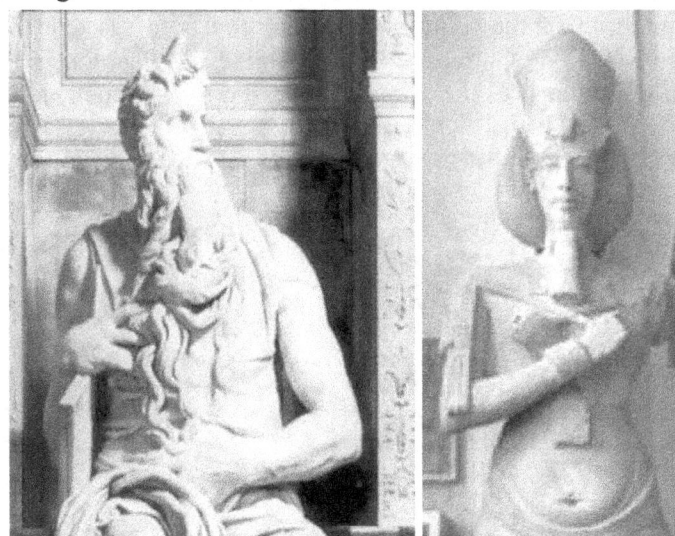

Moïse[4] et Akhenaton[5]

2) Sources des normes juives

Les juifs croient que la Bible comporte les normes voulues par Yahvé pour les guider, en tout temps et en tout lieu, normes dictées à Moïse et aux autres prophètes reconnus par les juifs. La Bible dit à cet égard:

> Tout ce que je vous ordonne, vous le garderez et le pratiquerez, sans y ajouter ni en retrancher[6].

1   Van der Plas, Dirk: L'image divine et son interdiction dans les religions monothéiste, 17 juin 2000, in: http://goo.gl/hkXdWp.
2   Strabon: Géographie de Strabon, Hachette, Paris, 1909, vol. 3, p. 465.
3   Freud, Sigmund: L'homme Moïse et la religion monothéiste, Gallimard, Paris, 1986, p. 92-98.
4   http://goo.gl/gVVH99
5   http://goo.gl/L7YjwF
6   Deutéronome 13:1.

Les choses révélées sont à nous et à nos fils pour toujours, afin que nous mettions en pratique toutes les paroles de cette loi[1].

C'est une loi perpétuelle pour vos descendants, où que vous habitiez[2].

Maïmonide (décédé en 1204) écrit: "C'est une notion clairement explicitée dans la loi que cette dernière reste d'obligation éternelle et dans les siècles des siècles, sans être sujette à subir aucune variation, retranchement, ni complément". Celui qui prétendrait le contraire devrait être "mis à mort par strangulation". Ce châtiment est prévu aussi à l'encontre de celui qui "abolit l'un quelconque des commandements que nous avons reçus par tradition orale", comme à l'encontre de celui qui en donne une interprétation différente de l'interprétation traditionnelle[3].

En plus de la Bible, les juifs accordent une importance majeure à la Mishnah et au Talmud, considérés comme la 2e source de la loi juive. Quelle est la position de ces sources concernant l'art figuratif?

3) La Bible et l'art figuratif

A) Interdiction de l'art figuratif

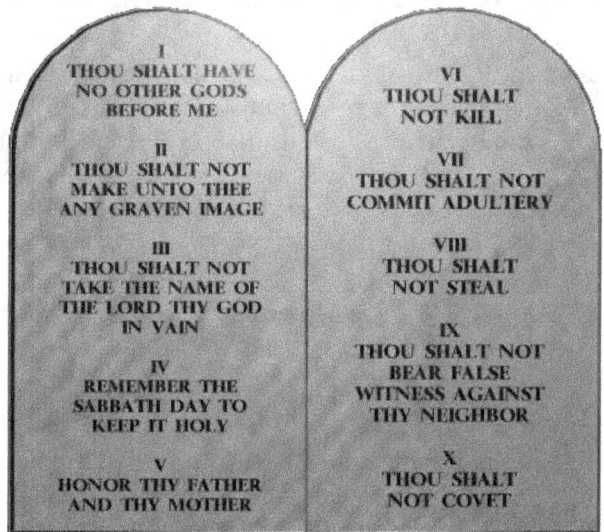

Les dix commandements[4]

Si la Bible est la première source du droit juif, les fameux dix commandements constituent le cœur de ce droit.

L'interdiction de l'art figuratif est inscrite en tête de ces commandements:

Je suis Yahvé, ton Dieu, qui t'ai fait sortir du pays d'Égypte, de la maison de servitude. Tu n'auras pas d'autres dieux devant moi. Tu ne te feras aucune

---

[1] Deutéronome 29:28.

[2] Lévitique 23:14.

[3] Maïmonide, Moïse: Le livre de la connaissance, trad. V. Nikiprowetzky et A. Zaoui, Quadrige & PUF, Paris 1961, p. 97-98.

[4] http://goo.gl/sWTx56

image sculptée, rien qui ressemble à ce qui est dans les cieux, là-haut, ou sur la terre, ici-bas, ou dans les eaux, au-dessus de la terre. Tu ne te prosterneras pas devant ces dieux et tu ne les serviras pas, car moi Yahvé, ton Dieu, je suis un Dieu jaloux[1].

D'autres versets reprennent la même idée[2], laquelle est développée dans le passage suivant:

Prenez bien garde à vous-mêmes: puisque vous n'avez vu aucune forme, le jour où Yahvé, à l'Horeb, vous a parlé du milieu du feu, n'allez pas vous pervertir et vous faire une image sculptée représentant quoi que ce soit: figure d'homme ou de femme, figure de quelqu'une des bêtes de la terre, figure de quelqu'un des oiseaux qui volent dans le ciel, figure de quelqu'un des reptiles qui rampent sur le sol, figure de quelqu'un des poissons qui vivent dans les eaux au-dessous de la terre[3].

L'interdiction des images ou des statues ne se limite pas aux juifs. Ces derniers sont sommés par la Bible d'éliminer les représentations des divinités des peuples dominés. Moïse instruit ses coreligionnaires qui se préparent à entrer dans la "Terre promise":

Lorsque Yahvé ton Dieu t'aura fait entrer dans le pays dont tu vas prendre possession, des nations nombreuses tomberont devant toi… Tu les dévoueras par anathème. Tu ne concluras pas d'alliance avec elles, tu ne leur feras pas grâce… vous démolirez leurs autels, vous briserez leurs stèles, vous couperez leurs pieux sacrés et vous brûlerez leurs idoles[4].

Quand vous aurez passé le Jourdain vers le pays de Canaan, vous chasserez devant vous tous les habitants du pays. Vous détruirez leurs images peintes, vous détruirez toutes leurs statues de métal fondu et vous saccagerez tous leurs hauts lieux[5].

Ces normes semblent interdire la représentation de tout objet, mais en fait elles ne concernent que les êtres vivants, la décoration florale n'ayant pas posé de problèmes aux juifs. D'autre part, elles touchent à toute représentation d'êtres vivants, mais certains estiment qu'elles ne concernent que la représentation d'êtres vivants servant d'objets de culte. Ces deux lectures ont coexisté et continuent à coexister encore aujourd'hui, non seulement parmi les juifs, mais aussi parmi les musulmans qui s'inspirent des normes juives. Ceux qui limitent ces règles aux objets de culte partent d'une interprétation téléologique, estimant que leur but est d'empêcher l'idolâtrie (du grec *eidôlon latreia*, culte des idoles). En revanche, ceux qui les étendent

---

[1] Exode 20:2-5.
[2] Exode 20:23; Deutéronome 5:8-9 et 27:15; Lévitique 19:4 et 26:1.
[3] Deutéronome 4:15-18.
[4] Deutéronome 7:1-2, 5. Voir aussi Exode 34:13; Deutéronome 12:3.
[5] Nombres 33:51-52.

à tout être vivant estiment que toute image est potentiellement une idole, et par conséquent elle doit être interdite[1].

Quelle que soit la lecture, celle-ci ne pose pas moins un problème général, à savoir pourquoi faut-il interdire les idoles et en quoi cela gênait Moïse (Yahvé, pour le croyant) que chacun ait sa petite idole? Une telle question présuppose l'acceptation de la liberté individuelle de religion, liberté contestée encore aujourd'hui. Le principe *Cujus regio, eius religio* a la prééminence dans l'histoire.

B) Contradictions dans la Bible

Si on examine la Bible, on constate qu'elle comporte de nombreuses violations de l'interdiction de l'art figuratif, et déjà par Moïse (Yahvé, pour le croyant) lui-même.

Selon la Bible, Yahvé demande à Moïse une demeure et en donne les descriptions. Cette demeure contient une arche au-dessus de laquelle est posé un propitiatoire monté de deux chérubins d'or repoussé[2]. Yahvé est censé trôner au-dessus de l'arche et des chérubins dans sa majesté invisible[3]. La demeure est faite d'étoffe de lin brodée de chérubins et d'un rideau également brodé de chérubins[4]. Cette présence des chérubins s'explique par le fait que Yahvé les utilise comme monture[5]. D'autre part, Moïse a façonné, toujours sur ordre de Yahvé, un serpent d'airain qu'il a placé sur un étendard, "et si un homme avait été mordu par quelque serpent, il regardait le serpent d'airain et restait en vie"[6]. Les juifs finirent par adorer ce serpent et lui offrir des sacrifices; il fut détruit par Osée[7].

Pour résoudre la contradiction susmentionnée, on estime qu'initialement l'art figuratif était interdit, mais pour justifier les décorations du temple sous Salomon, les rédacteurs de la Bible ont ajouté les passages invraisemblables relatifs à la demeure de Yahvé du temps de Moïse. En effet, on voit mal les juifs dans le désert confectionner des rideaux en tissus précieux avec des broderies délicates, difficulté à laquelle ont essayé de remédier les scribes en signalant que les artistes avaient été comblés par Yahvé en personne "d'habileté, d'intelligence et de savoir, pour toute sorte d'ouvrages"[8].

Concernant le temple de Salomon, la Bible indique qu'il comportait deux grands chérubins. D'autres chérubins étaient sculptés sur tous ses murs, à l'extérieur et à

---

[1]   On lit dans Jewish Encyclopedia: "Plastic art in general was discouraged by the Law; the prohibition of idols in the Decalogue (Exode 20:4) being in olden times applied to all images, whether they were made objects of worship or not" (http://goo.gl/jxrCEN).

[2]   Exode 25:17-22; 37:7-9.

[3]   Nombres 7:89; 1 Samuel 4:4; 2 Samuel 6: 2; 2 Rois 19:15; Psaumes 99:1.

[4]   Exode 26:1 et 31; 36:8 et 35.

[5]   2 Samuel 22:11.

[6]   Nombres 21:9.

[7]   2 Rois 18:4.

[8]   Exode 35:30-35. Voir sur ce point: Sed-Rajna, Gabrielle: L'argument de l'iconophobie juive, in: F. Boespflug et N. Lossky (éd.): Nicée II 787-1987, douze siècles d'images religieuses, Cerf, Paris, 1987, p. 81-88, p. 82; Prigent, Pierre: Le judaïsme et l'image, Mohr, Tübingen, 1990, p. 1.

l'intérieur[1]. Il y avait aussi une mer d'airain portée par douze bœufs[2]. La Bible indique en outre que Salomon avait un trône décoré de lions[3] et qu'il avait fait construire d'autres temples pour les dieux de ses 700 femmes et 300 concubines[4]. On signalera ici que le temple eschatologique d'Ézéchiel comporte lui aussi des ornements figuratifs, dont des chérubins à deux faces: une de lion et l'autre d'homme[5].

Les différents prophètes n'ont pas cessé de condamner les idoles. Ceci montre que les juifs ne cessaient d'en avoir et que le monothéisme n'était pas unanimement accepté. La Bible signale que les juifs ont fabriqué un veau d'or à la sortie d'Égypte et lui ont fait des offrandes en disant: "Voici ton Dieu, Israël, celui qui t'a fait monter du pays d'Égypte". Moïse s'est pressé de le réduire en poussière et de massacrer environ trois mille hommes parmi les siens qui l'avaient adoré[6]. Le veau d'or a refait surface sous le roi Jéroboam (931-910 avant J-C). Celui-ci a fait deux veaux d'or qu'il a installés, un à Béthel et l'autre à Dan, afin d'éviter au peuple la longue route menant au temple de Jérusalem pour y faire des sacrifices. Il a proclamé: "Israël! Voici ton Dieu, qui t'a fait sortir du pays d'Égypte"[7]. 150 ans plus tard, le prophète Osée fulmine contre cette représentation: "Ton veau, Samarie, je le repousse! Car il vient d'Israël, c'est un artisan qui l'a fabriqué, lui, il n'est pas Dieu, lui. Oui, le veau de Samarie tombera en miettes"[8]. La Bible indique également que les juifs avaient des statues et des images représentant des divinités connues sous le nom de téraphim[9] et d'éphod[10]. Sous Antiochus, ils ont introduit des idoles dans le temple et leur ont offert des offrandes[11], idoles détruites lors de la révolte des Maccabées. Mais parmi les soldats de Judas Maccabée eux-mêmes, certains, tués au combat, portaient sous leur tunique "des objets consacrés aux idoles de Iamnia et que la Loi interdit aux Juifs. Il fut donc évident pour tous que cela avait été la cause de leur mort"[12].

Israël Finkelstein et Neil Asher Silberman doutent de l'historicité des livres de la Bible initialement attribués à Moïse et qui comportent l'interdiction de l'art figuratif. Ils estiment que ces livres ont été rédigés sous le règne du roi Josias (de 639 à 609 av. J-C) et remaniés par des prêtres qui ont inventé des personnages et des faits

---

[1]   1 Rois 6:23-29.

[2]   2 Chroniques 4:2-6.

[3]   2 Chroniques 9:18-19.

[4]   Voir I Rois 11:1-10.

[5]   Ezéchiel 41:18-19.

[6]   Cet épisode est rappelé dans Deutéronome 9:16-21; Psaumes 106:19; Ne 9:18; Actes des apôtres 7:41.

[7]   1 Rois 12: 28.

[8]   Osée 8: 5-6. Voir aussi la mention du veau dans Osée 10:5; Tobie 1:5.

[9]   Les téraphim sont mentionnés dans Juges 17:5 et 18:14-20; I Samuel 19:13 et 16; Osée 3:4; Za 10:2. Voir sur ce terme: http://goo.gl/ioIEk7

[10]   Les éphods en tant que représentations sont mentionnés dans Juges 8:27, 17:5, 18:14; 1 Samuel 2:28; Osée 3:4. Voir sur ce terme: http://goo.gl/YttX1G

[11]   I Maccabées 1:43.

[12]   II Maccabées 12:40.

(dont Abraham, Moïse et l'exode de l'Égypte, David, Salomon et son temple, la reine de Saba, etc.) pour des raisons politiques et théologiques. Ces prêtres représentaient un courant monothéiste opposé à l'art figuratif et au culte des autres divinités répandu parmi la population juive de tout temps. Sous l'impulsion de ces prêtres, Josias a entrepris un mouvement iconoclaste décrit par le chapitre 23 du 2ème Livre des Rois[1] et qui rappelle le mouvement iconoclaste sous Byzance ou les Réformés dont nous parlerons plus loin. Les deux auteurs ajoutent que les découvertes archéologiques "laissent croire que Josias était loin d'être parvenu à éradiquer la vénération des images". Ils indiquent que dans les quartiers d'habitation de tous les sites importants de la fin du 7ème siècle avant J.-C., on a retrouvé un grand nombre de figurines qui représentent une femme debout soutenant ses seins avec ses mains (identifiée généralement à la déesse Asherah, [épouse de Yahvé[2]]). Par conséquent, au moins pour ce qui concerne le domaine privé, ce culte très populaire paraît s'être poursuivi, en dépit des instructions imposées par Jérusalem[3].

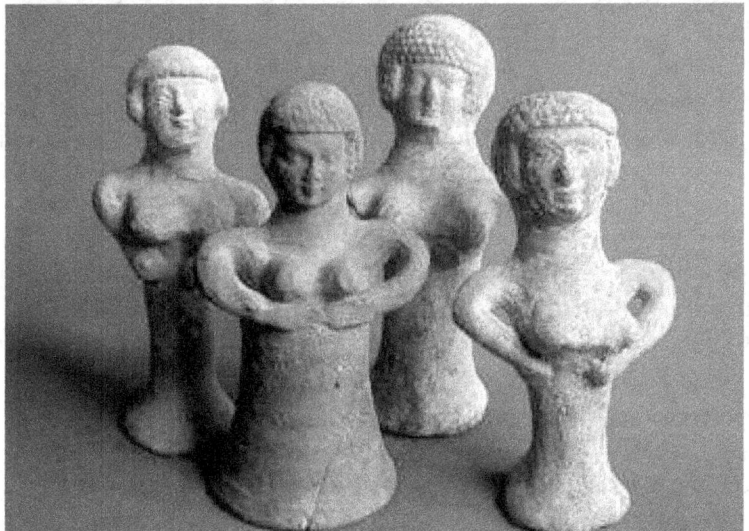

La déesse Asherah épouse de Yahvé[4]

Après la mort de Josias, ses successeurs ont mis fin au mouvement iconoclaste et monothéiste inspiré par les prêtres de Yahvé et ont rétabli les coutumes idolâtres des anciens rois de Juda[5].

On peut donc conclure que malgré l'interdiction biblique stricte (qui n'était probablement appliquée par le pouvoir politique que pour une courte période d'une trentaine d'année), l'art figuratif et le polythéisme dont il était l'expression, ont toujours

---

[1] Finkelstein, Israël et Silberman, Neil Asher: La Bible dévoilée: les nouvelles révélations de l'archéologie, trad. Patrice Ghirardi, Bayard, Paris, 2002, p. 315-317.
[2] Ibid., p. 276-277.
[3] Ibid., p. 327.
[4] http://goo.gl/PiltvA
[5] Finkelstein et Silberman, op. cit., p. 330-331.

existé parmi les juifs, provoquant souvent la colère des milieux religieux juifs monothéistes.

4) La Mishnah et le Talmud et l'art figuratif

La Mishnah comporte une section intitulée *Aboda zara*, culte étranger, reprise et commentée par le Talmud. Elle y insiste sur l'interdiction de rendre un culte aux idoles, soit directement ou indirectement. Ainsi elle indique qu'il faut éviter d'avoir des relations commerciales avec les païens trois jours avant leurs fêtes, voire après leurs fêtes par peur que cela ne serve au culte païen. Le Talmud entre dans des casuistiques pour savoir par exemple s'il est permis de jouir d'un revenu obtenu d'un tel commerce par mégarde[1]. La Mishnah apporte une exception à l'interdiction du commerce: si une idole se trouve dans une ville, il est permis aux jours de fête d'avoir des relations avec les païens hors de la ville; si au contraire l'idole est au dehors, les relations sont permises à l'intérieur. Elle discute si on peut se rendre dans l'endroit où se déroule la fête, ou s'il faut simplement éviter les boutiques ornées pour la fête[2].

La Mishnah aborde ensuite les produits qui peuvent faire l'objet de commerce avec les païens[3] et les constructions que les juifs peuvent exécuter pour eux. Elle précise qu'on "peut leur construire des monuments et des salles de bain; seulement, arrivant à la voûte où il s'agira de placer l'idole, on cessera de coopérer"[4]. Elle interdit de faire d'ornement, de collier, de boucle, de bague servant à des idoles, ou de céder des immeubles aux païens servant pour le culte[5]. Le Talmud précise qu'un israélite qui rase la tête d'un païen le rasera jusqu'à la mèche de cheveux de l'occiput; arrivé là, il s'abstiendra, en raison de la destination idolâtre de cette partie[6]. La Mishnah indique les objets (vin, vinaigre, lait, fromage etc.) qui sont interdits et ceux dont il est défendu de tirer profit lorsqu'ils ont un lien avec l'idolâtrie[7].

Après ces précautions, la Mishnah consacre un chapitre aux idoles elles-mêmes en tant qu'objets, qu'elles soient des statues ou des images. Elle indique que "toutes les idoles sont d'une jouissance interdite, car on les adore au moins une fois par an", selon l'avis de Rabbi Meir. Mais d'autres affirment que seule est interdite l'idole ayant en main un bâton, un oiseau, ou une boule. Rabbi Gamaliel interdit toute idole qui a en main un objet quelconque. Le Talmud rapporte les controverses des rabbins: si l'idole est adorée dans une ville, est-elle interdite partout ou seulement dans cette ville-là? Peut-on excepter les idoles dressées pour orner les places? Peut-on les regarder lorsqu'elles sont debout ou à terre? Peut-on lire l'inscription placée au-dessous d'elles le jour du samedi ou les autres jours de la semaine? Le Talmud

---

[1]   Le Talmud de Jérusalem, Traité Aboda zara, vol. 6, trad. Moïse Schwab, Maisonneuve et Larose, Paris, 1977, 1.1-2.

[2]   Ibid., 1.4.

[3]   Ibid., 1.5-6.

[4]   Ibid., 1.7.

[5]   Ibid., 1.8 et 10.

[6]   Ibid., 2.2.

[7]   Ibid., 2.3-6.

rapporte à cet égard que lorsque Rabbi Nahum est mort, on a couvert avec des rideaux les images exposées au mur, en disant: "comme il avait l'habitude de son vivant de ne pas voir d'images, il ne les verra pas non plus étant mort". Le Talmud ne dit pas de quels murs il s'agit: d'une chambre mortuaire? d'une synagogue? ou d'une maison appartenant à un juif? Il précise que le rabbi en question est tenu pour un homme d'une sainteté supérieure pour "n'avoir, de sa vie, regardé une image de monnaie"[1].

La Mishnah s'attarde ensuite sur la question de savoir si on peut tirer profit d'un fragment d'idole ou de vase comportant une idole. On y lit: "Celui qui trouve des fragments de vases simulant l'idole, peut les utiliser. Si l'on trouve une forme de main ou de pied, il est défendu d'en user, car il arrive que de tels objets sont adorés". Peut-on annuler la qualité d'idole pour en tirer profit? Le Talmud rapporte un avis selon lequel si on trouve une idole, il faut en briser un membre après l'autre pour l'annuler, mais selon un autre avis, elle ne sera malgré cela jamais annulée[2]. La Mishnah indique le sort à réserver aux vases comportant des effigies: faut-il les jeter dans la mer, ou les réduire en poussières avec le risque qu'elles retombent sur la terre? Y a-t-il une distinction entre vases précieux et ceux qui sont sans valeur? [3]

Peut-on entrer dans un bain où se trouve une idole? La Mishnah rapporte le fait suivant:

> Rabbi Gamaliel allait prendre ses bains à Acre dans une maison de bains qui appartenait à la déesse Aphrodite. Un païen nommé Proclus ben Philosophos lui demanda comment il pouvait se permettre d'aller prendre des bains dans une maison affectée au service d'une idole, quand la loi mosaïque défend de tirer le moindre profit des objets consacrés aux divinités païennes? Une fois sorti, Rabbi Gamaliel répondit: Je ne vais pas dans le domaine de l'idole, c'est elle qui vient dans le mien; on n'a pas construit la maison de bains en l'honneur d'Aphrodite; c'est elle au contraire qui sert d'ornement à la maison de bains.

Gamaliel ajouta:

> Quelle que soit la somme d'argent que l'on te donnerait, tu n'entrerais pas devant ton idole à l'état nu, ou étant gonorrhéen, ou pour uriner devant elle; mais cette idole est sise à la rigole du bain, et tous urinent devant elle. Or, la loi emploie l'expression leurs dieux (Dt 7:16 et 12:2); donc, ceux envers lesquels on se conduit avec respect, comme à l'égard d'un dieu, sont interdits, mais ceux que l'on ne traite pas avec les mêmes égards sont permis[4].

La Mishnah traite ensuite de la fabrication d'une idole. Est-elle interdite avant de servir comme objet d'adoration? Elle répond: "L'idole faite par un païen devient, de suite, d'un usage interdit; et celle qu'a faite un israélite n'est interdite qu'après l'ado-

---

1   Ibid. 3:1.
2   Ibid., 3:2.
3   Ibid., 3:3.
4   Ibid., 3:4.

ration". Elle ajoute: "Un païen peut annuler son idole et celle fabriquée par un israélite de façon à rendre son usage permis, mais un israélite ne peut pas effectuer l'annulation d'une idole érigée par un païen". Le Talmud précise que le païen peut annuler une idole servant pour l'adoration, fut-elle fabriquée par un juif, mais ce dernier ne peut annuler une idole, fabriquée par lui ou par un païen[1]. Comment annule-t-on une idole? La Mishnah dit:

> En lui coupant, par exemple le bout de l'oreille, ou le bout du nez, ou l'extrémité du doigt... Cracher sur elle, ou uriner devant elle, ou la traîner dans la boue, ou jeter une ordure sur elle, ce n'est pas l'annuler. La vendre ou la mettre en gage, c'est l'annuler, selon Rabbi; les autres docteurs ne sont pas de cet avis[2].

L'annulation de l'idole peut avoir lieu aussi en l'abandonnant un certain temps sans adoration, en temps de paix, mais pas en temps de guerre[3].

5) L'interdiction entre rigorisme et libéralisme

Les passages de la Mishnah et du Talmud cités plus haut relatent des opinions divergentes des rabbins, oscillant entre le rigorisme et le libéralisme. Le rigorisme est manifeste dans le premier siècle. Parlant des juifs, Tacite (décédé en 120) écrit:

> Les juifs ne connaissent la divinité qu'en pensée et en reconnaissent une seule. Ils traitent d'impies ceux qui, avec des matériaux périssables, fabriquent des dieux à la ressemblance de l'homme.... Ainsi n'en placent-ils aucune effigie dans leurs villes, encore moins dans leurs temples. Ils n'en élèvent pas davantage pour flatter leurs rois, ni pour honorer César[4].

Ce rigorisme est confirmé par l'historien juif Josèphe Flavius (décédé en 100), qui appartenait à la secte des pharisiens. Parlant de Salomon, Josèphe lui reproche "de pécher et de violer les prescriptions légales quand il avait dressé les simulacres de bœufs en airain qui se trouvaient sous le monument appelé Mer et ceux des lions qui entouraient son propre trône: car un travail de ce genre n'était pas légitime"[5]. Nommé commandant de la Galilée, une des premières mesures qu'il a prise fut de démolir le palais d'Hérode "où il y avait des représentations de formes vivantes, alors que nos lois interdisent toute construction de ce genre". Il agit ainsi en tant que député de la communauté de Jérusalem, et ce malgré la réticence de certains de ses subordonnés[6].

Répondant à Apion qui reproche aux juifs de ne pas dresser de statues aux empereurs, Josèphe écrit:

---

1   Ibid., 4:4.
2   Ibid., 4:5.
3   Ibid., 4:6.
4   Tacite: Histoires, Garnier, Paris, 1954, livre V, par. 5.
5   Josèphe, Flavius: Antiquités juives, trad. Reinach, Éditeur Ernest Leroux, Paris, 1926, VIII, par. 195-196.
6   Josèphe, Flavius: Autobiographie, trad. Pelletier, Belles Lettres, Paris, 1959, XII, par. 65.

Les Grecs et quelques autres peuples croient qu'il est bon d'élever des statues; ils prennent plaisir à faire peindre le portrait de leurs pères, de leurs femmes et de leurs enfants; quelques-uns vont jusqu'à acquérir les portraits de gens qui ne les touchent en rien; d'autres font de même pour des esclaves favoris. Est-il étonnant qu'on les voie rendre aussi cet honneur à leurs empereurs et à leurs maîtres? D'autre part, notre législateur a désapprouvé cette pratique, non pour défendre, comme par une prophétie, d'honorer la puissance romaine, mais par mépris pour une chose qu'il regardait comme inutile à Dieu et aux hommes, et parce qu'il interdit de fabriquer l'image inanimée de tout être vivant et à plus forte raison de la divinité… Mais il n'a pas défendu d'honorer, par d'autres hommages, après Dieu, les hommes de bien; et ces honneurs, nous les décernons aux empereurs et au peuple romain[1].

Josèphe rapporte en détails plusieurs faits qui démontrent l'opposition des juifs à l'image dans son temps:

- Lorsque l'empereur Caïus (dit Caligula) a décidé, malgré les efforts d'une ambassade conduite par Philon, de dresser une statue de lui-même dans le temple de Jérusalem, le peuple s'est insurgé. Seule la mort soudaine de l'empereur a permis de renoncer au projet et de ramener le calme[2].

- Hérode avait fait placer au-dessus de la grande porte du temple un aigle d'or, à titre d'offrande. Des docteurs de la loi ont incité des jeunes à le détruire, considérant comme sacrilège de placer sur le temple "des images, des bustes ou une œuvre d'art représentant une créature vivante, quelle qu'elle fût". Profitant de la rumeur que le roi était mort, des jeunes se sont sentis plus hardis pour abattre et démolir l'aigle à coups de hache. Mais ils ont été arrêtés et exécutés, eux et leurs instigateurs[3]. Évoquant cet événement dans Antiquités juives, Josèphe précise que "la loi défend d'ériger des images et de consacrer des formes d'être vivants à qui veut mener une vie conforme à ses prescriptions"[4].

- Pilate, envoyé en Judée comme procureur par Tibère, a amené son armée de Césarée et l'a établie à Jérusalem pour prendre ses quartiers d'hiver. Il a fait introduire de nuit dans la ville les effigies de l'empereur qui se trouvaient sur les enseignes. Josèphe estime que le but de Pilate était d'abolir les lois des Juifs qui interdisent "de fabriquer des images". Il précise que les prédécesseurs de Pilate faisaient leur entrée dans la capitale avec des enseignes dépourvues de ces ornements. Le geste de Pilate a provoqué une grande émotion parmi les juifs lorsqu'ils ont aperçu les effigies. Ils sont allés en masse à

---

1   Josèphe, Flavius: Contre Apion, trad. Blum, Belles Lettres, Paris, 1972, II, par. 190-191.
2   Josèphe, Flavius: La guerre des juifs, trad. Savinel, Éditions de minuit, Paris, 1959, II, chap. 10, par. 1-5; Josèphe, Flavius: Antiquités juives, trad. Reinach, Éditeur Ernest Leroux, Paris, 1926, XVIII, par. 257-309.
3   Josèphe: La guerre de juifs, I, op. cit., chap. 33, par. 2-3.
4   Josèphe: Antiquités juives, livre XVII, op. cit., par. 151-152.

Césarée pour le supplier pendant plusieurs jours de changer ces images de place. Il a refusé disant que ce serait faire insulte à l'empereur. Comme ils ne renonçaient pas à le supplier, Pilate a menacé de les tuer s'ils ne cessaient de le troubler. Devant leur obstination, il a fait rapporter les images de Jérusalem à Césarée[1].

- Vitellus, gouverneur de Syrie, avait l'intention de traverser la Judée avec son armée et ses enseignes pour aller attaquer Arétas IV dans la région de Pétra. Les principaux citoyens sont venus alors le trouver et ont réussi à le détourner de passer par leur pays, "car il n'était pas conforme à leur tradition de laisser transporter des images; or, il y en avait beaucoup sur les enseignes"[2].

Des textes de Josèphe, on remarque que le pouvoir civil avait une attitude toute différente des milieux religieux, au point d'installer un aigle au-dessus de la grande porte du temple. Josèphe rapporte à cet égard qu'Alexandra, belle-mère d'Hérode, fit faire des portraits de ses deux enfants Aristobule et Mariamme pour les envoyer à l'empereur Marc Antoine[3]. Les monnaies frappées par Hérode Philippe II, fils d'Hérode le grand (4 av. J.C-34 après J-C), portent sur l'avers l'effigie de l'empereur, tandis qu'au revers figure un temple, celui de Jérusalem. Il en est de même des monnaies d'Agrippa I (37-44) et d'Agrippa II (48-100)[4]. En revanche, les monnaies des insurgés ne comportent aucune effigie humaine, et surtout pas impériale, mais un calice à l'avers et un lys ou une branche portant trois grenades au revers. Dans une monnaie, on constate qu'il s'agit d'une pièce ayant subi une nouvelle frappe destinée à remplacer l'image insupportable d'Hérode Agrippa[5].

Après la destruction du temple de Jérusalem en l'an 70 et la perte du pouvoir des pharisiens, les autorités religieuses juives ont toléré l'introduction de l'art figuratif, soit pour préserver le gagne-pain d'artisans et de commerçants juifs, soit pour permettre un dialogue avec des contemporains habitués à ce langage symbolique[6]. Ce libéralisme est manifeste dans les textes de la Mishnah et du Talmud que nous avons cités. Il a fini par pénétrer dans les synagogues elles-mêmes. Les fouilles archéologiques ont démontré que les murs de nombreuses synagogues juives ont été abondamment décorés de fresques. L'exemple le plus connu en est la synagogue, datant de la première partie du 3ème siècle après Jésus-Christ, découverte à Doura-Europos, une ville sur la rive occidentale du Moyen Euphrate. On y voit l'Arche, le temple, Moïse guidant le peuple, Esther, la résurrection des morts sous les yeux d'Ézéchiel.

---

[1] Josèphe: La guerre de juifs, II, op. cit., chap. 9, par. 2-3; Josèphe: Antiquités juives, XVIII, op. cit., par. 55-59.
[2] Josèphe: Antiquités juives, XVIII, op. cit., par. 120-122.
[3] Ibid., XV, par. 26.
[4] Prigent: Le judaïsme et l'image, op.cit., p. 8. Voir modèles p. 9.
[5] Ibid., p. 10-11.
[6] Ibid., p. 30-32.

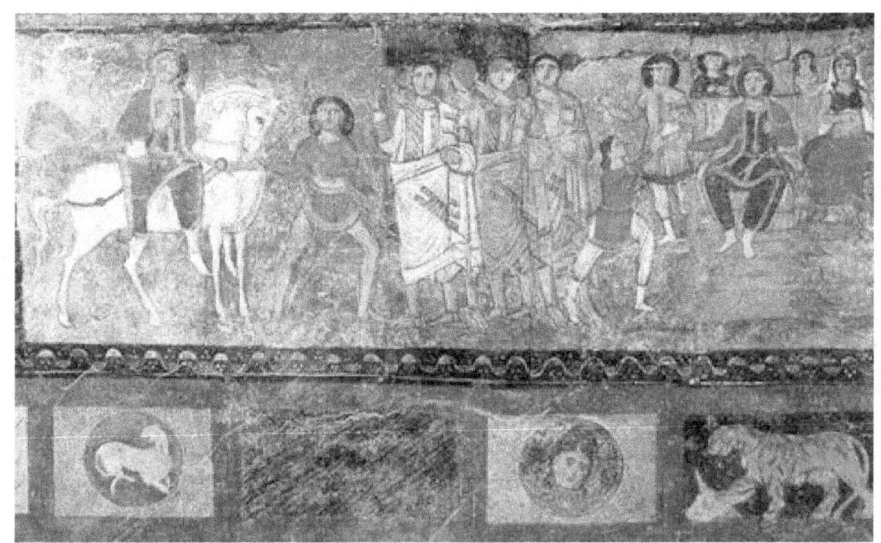

Scènes du Livre d'Esther à Doura-Europos[1]

Plusieurs synagogues datant des premiers siècles de notre ère ont été découvertes en Palestine même. On y voit des pavements de mosaïque, où les signes du zodiaque et Hélios dans le char du Soleil sont représentés[2]. Ce libéralisme était entaché par des poussées de rigorisme. Ainsi des iconoclastes juifs ont martelé les motifs animaux des reliefs de Capharnaüm, tandis que les motifs végétaux sont laissés indemnes; d'autres ont défoncé la mosaïque d'Ain Duk près de Jéricho pour en arracher la représentation des signes zodiacaux sans toucher aux inscriptions hébraïques ou araméennes; d'autres encore ont réduit aux noms hébraïques des signes et des mois le zodiaque de la synagogue d'En Gedi[3].

6) Y a-t-il un art juif moderne?

Le deuxième commandement garde sa force encore dans notre temps, suscitant une méfiance à l'égard de l'art. Le Rabbin Samson Raphael Hirsch disait au 19ème siècle: "Partout et chaque fois que vous le pouvez, vous devez détruire tous les signes de l'idolâtrie. Celui qui entre en possession d'une idole doit la détruire, la pulvériser et la répandre dans le vent ou dans l'eau"[4]. L'artiste américain Maurice Sterne rappelle qu'en tant qu'enfant vivant dans une petite ville en Russie, il a été puni par son rabbin parce qu'il avait dessiné ce dernier sur le sol avec un bâton. Le grand oncle de Chagall refusait de donner sa main à son neveu lorsqu'il a appris qu'il dessinait. Au début du 2ème siècle, le jeune sculpteur Joseph Engel a été instruit par son rabbin de mutiler toutes les faces humaines qu'il avait sculptées[5]. Une

---

[1]   http://goo.gl/hU5c5n

[2]   Voir sur cette synagogue Prigent: Le judaïsme et l'image, op.cit., p. 174-263.

[3]   Ibid., p. 34.

[4]   Julius, Anthony: Idolizing pictures: idolatry, iconoclasm and Jewish art, Thames & Hudson, London, 2000, p. 58.

[5]   Ibid., p. 37.

opinion du rabbin Abraham Isaac haKohen Kook, datant de 1930 permet d'avoir ou de faire un buste d'un être humain, mais pas sous forme complète avec tous ses membres[1].

Paraphrasant Emmanuel Levinas, Anthony Julius écrit que toute image est une idole. Les images ensorcellent le plus lucide des auteurs. Quant à l'artiste, il pratique l'idolâtrie. Toute œuvre d'art est en fin de compte une statue et chaque statue nie le temps, à savoir l'historicité de notre monde, et ceci relève du paganisme. L'art est païen et c'est la concession que le christianisme fait au paganisme, concession que le judaïsme n'est pas tenu de faire. Un grand art est un art non juif; il est accessible aux juifs parce qu'ils vivent parmi les chrétiens[2].

Julius ajoute qu'il existe peu d'artistes juifs à propos desquels on peut dire qu'il n'existe pas d'influence juive sur leurs œuvres[3]. Citant le Midrash: "Qui est le juif? C'est celui qui témoigne contre les idoles", il estime que l'art juif est celui qui respecte le deuxième commandement[4]. Ceci se voit dans les tendances suivantes des artistes juifs:

1)   Ils penchent pour l'art abstrait. Ceci est manifeste chez Chagall, Soutine, Modigliani et Kitaj[5]. Trois des principaux artistes expressionnistes abstraits sont d'origine juive: Barnett Newman, Mark Rothko et Adolph Gottlieb[6]. L'absence de représentation humaine, ou la présence de formes humaine inadéquate caractérise les tableaux juifs. C'est ce qu'on appelle l'art aniconique.

2)   Ils recourent à l'ironie. Shulkhan Aruch (ouvrage de Caro, d. 1575) dit que toute moquerie est interdite, à l'exception de la moquerie contre une idole. Un tableau représentatif de cette tendance est celui de Maryan qui dessine son Personnage avec des oreilles d'âne (1962)[7].

3)   Ils pratiquent l' "iconoclasme créatif". Ainsi au lieu de détruire les statues érigées par le régime soviétique, on peut juste les utiliser comme espace artistique. La statue de Marx, au lieu d'être évacuée, est mise dans une position renversée suspendue à une grue. La statue de Félix Dzerzhinsky, fondateur de la police secrète soviétique, peut être maintenue devant le quartier du KGB mais en lui ajoutant des figures en bronze représentant les gens qui ont grimpés sur elle, en 1991, pour mettre un nœud autour de son coup. Il s'agit donc de faire quelque chose nouveau de ce qui existe déjà. Le but est de garder le souvenir et d'empêcher que d'autres dieux viennent les remplacer[8]. Ju-

---

1   Mann, Vivian, B.: Jewish texts on the visual arts, University Press, Cambridge, 2000, p. 34-36.
2   Julius, op. cit., p. 71.
3   Ibid., p. 58.
4   Ibid., p. 85.
5   Ibid., p. 39-41.
6   Ibid., p. 42.
7   Ibid., p. 58-59.
8   Ibid., p. 65-68.

lius estime que les artistes israéliens de gauche sont en train de développer un iconoclasme politique en s'attaquant à l'idolâtrie de la terre[1].

6) Maïmonide victime de ses écrits

Le 25 mai 2005, la presse israélienne[2] a fait état d'un débat autour de l'érection d'une statue de Maïmonide à Tibériade dans le cadre de la commémoration de sa mort huit siècles auparavant et son enterrement dans cette ville. La statue, créée par un artiste israélien né à Fez au Maroc où Maïmonide avait passé une partie de sa vie, devait être placée dans une place appelée Place de Cordoue. Mais les rabbins se sont opposés à ce projet invoquant le deuxième commandement et les écrits mêmes de Maïmonide qui interdisent la représentation d'une figure dans une statue. Ils ont menacé de provoquer une crise politique. Le maire de Tibériade a dû ainsi renoncer à son plan et la statue fut offerte au Maroc, avec la bénédiction du roi de ce pays, pour qu'elle soit érigée à Fez.

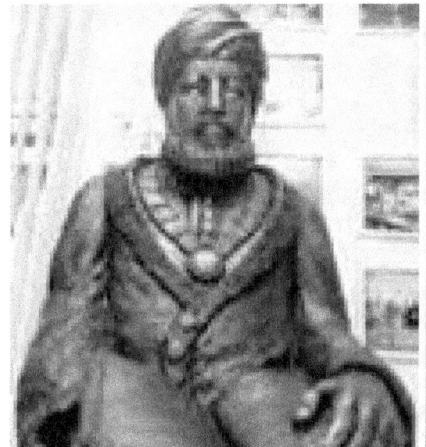 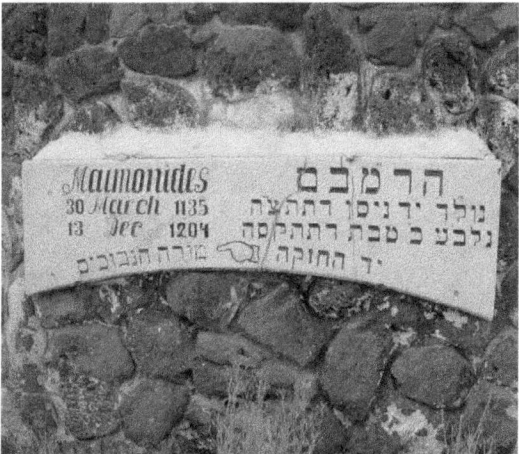

Statue de Maïmonide[3] remplacée par son nom sur un mur à Tibériade[4]

---

[1]   Ibid., p. 88.
[2]   http://goo.gl/6cShlV
[3]   http://goo.gl/n3yhN0
[4]   http://goo.gl/aqyZ4N

Chapitre II.
Les normes chrétiennes

1) Sources des normes chrétiennes

Les chrétiens acceptent la Bible des juifs, qu'ils appellent Ancien Testament, auquel ils ajoutent les quatre Évangiles, les Actes des apôtres, une série d'épîtres apostoliques et l'Apocalypse. Ces ouvrages sont appelés le Nouveau Testament. Celui-ci complète l'Ancien Testament et en abroge certaines de ses normes. Ainsi les normes pénales, successorales et alimentaires prévues par l'Ancien Testament n'ont pas cours parmi les chrétiens. Les deux Testaments constituent la 1ère source des normes chrétiennes. A cette source viennent s'ajouter les actes des conciles, les écrits des papes et ceux des pères de l'Église. Les normes chrétiennes sont synthétisées dans le droit canon. La question qui s'est posée et se pose toujours chez les chrétiens est de savoir si le Nouveau Testament maintient les normes de l'Ancien Testament en matière d'art figuratif, et si tel est le cas, quelle est l'interprétation à donner à ces normes.

2) L'art figuratif dans le Nouveau Testament.

Les quatre Évangiles ne font aucune mention de l'art figuratif. Les évangiles rapportent que les scribes et les grands prêtres demandèrent à Jésus: "Maître, nous savons que tu parles et enseignes de façon correcte, que tu es impartial et que tu enseignes les chemins de Dieu selon la vérité. Nous est-il permis oui ou non de payer l'impôt à César?" Pénétrant leur fourberie, Jésus leur dit: "Faites-moi voir une pièce d'argent. De qui porte-t-elle l'effigie et l'inscription?" Ils répondirent: "De César". Il leur dit: "Eh bien, rendez à César ce qui est à César, et à Dieu ce qui est à Dieu"[1]. On trouve cependant une condamnation de l'idolâtrie dans différents textes du Nouveau Testament. Ainsi le Christ dit à Satan qui le tentait: "Retire-toi, Satan! Car il est écrit: C'est le Seigneur ton Dieu que tu adoreras, et à lui seul tu rendras un culte"[2]. Les Actes des apôtres signalent la fabrication du veau d'or par les juifs auquel ils avaient offert un sacrifice, célébrant joyeusement l'œuvre de leurs mains, provoquant la colère de Dieu contre eux et leur déportation par-delà Babylone[3]. Les apôtres ont interdit de consommer ce qui avait été souillé par les idoles[4]. Paul a levé cette interdiction:

---

[1] Lc 20, 20-26; voir également Mc 12, 13-17 et Mt 22, 15-22.

[2] Matthieu 4:10.

[3] Actes des apôtres 7:40-43. Voir aussi Romains 14:11; I Corinthiens 12:2; I Thessaloniciens 1:9; I Pierre 4:3; I Jean 5:21; Apocalypse 2:14; 9:20.

[4] Actes des apôtres 15:20 et 29; 21:25; I Corinthiens 10:18-21.

Donc, pour ce qui est de manger des viandes immolées aux idoles, nous savons qu'une idole n'est rien dans le monde et qu'il n'est de Dieu que le Dieu unique. Car, bien qu'il y ait, soit au ciel, soit sur la terre, de prétendus dieux - et de fait il y a quantité de dieux et quantité de seigneurs -, pour nous en tout cas, il n'y a qu'un seul Dieu, le Père, de qui tout vient et pour qui nous sommes, et un seul Seigneur, Jésus Christ, par qui tout existe et par qui nous sommes. Mais tous n'ont pas la science. Certains, par suite de leur fréquentation encore récente des idoles, mangent les viandes immolées comme telles, et leur conscience, qui est faible, s'en trouve souillée. Ce n'est pas un aliment, certes, qui nous rapprochera de Dieu. Si nous n'en mangeons pas, nous n'avons rien de moins; et si nous en mangeons, nous n'avons rien de plus. Mais prenez garde que cette liberté dont vous usez ne devienne pour les faibles occasion de chute. Si en effet quelqu'un te voit, toi qui as la science, attablé dans un temple d'idoles, sa conscience à lui qui est faible ne va-t-elle pas se croire autorisée à manger des viandes immolées aux idoles? Et ta science alors va faire périr le faible, ce frère pour qui le Christ est mort! En péchant ainsi contre vos frères, en blessant leur conscience, qui est faible, c'est contre le Christ que vous péchez. C'est pourquoi, si un aliment doit causer la chute de mon frère, je me passerai de viande à tout jamais, afin de ne pas causer la chute de mon frère[1].

Les Actes des apôtres rapportent que Paul a navigué dans un navire alexandrin à l'enseigne des deux Fils de Zeus, Castor et Pollux, protecteurs des marins, sans s'inquiéter[2].

On peut donc dire que les textes du Nouveau Testament survolés condamnent l'idolâtrie, mais tolèrent dans une certaine mesure la présence des idoles, parce qu'elles ne sont rien. Ils ne comportent pas une interdiction générale de l'image comme le suggère le 2ème commandement du décalogue. Et de ce fait, on ne trouve chez aucun iconoclaste chrétien une mise en question de la légitimité de fabriquer une statue ou une image à titre décoratif, si l'on excepte les œuvres contraires à la décence. Le débat parmi les chrétiens s'est cristallisé uniquement autour de la représentation de la divinité et des saints à des fins cultuelles.

3) Positions et pratiques des premiers siècles

De tout temps, les chrétiens ont refusé de rendre un culte aux idoles païennes, y compris pour les empereurs considérés comme divinités vivantes. Ils se sont par contre divisés sur la légitimité de faire des images de Jésus et des saints et de leur rendre hommage.

Grabar estime que, comme chez les païens de la fin de l'antiquité[3], les amis et ennemis chrétiens des images vivaient les uns à côté des autres et ne s'affrontaient pas, les deux attitudes étant traditionnellement acceptables. Ceci ne changea que

---

1   I Corinthiens 8:4-13.
2   Actes des apôtres 28:11.
3   Sur la position des païens à l'égard des images, voir Grabar, André: L'iconoclasme byzantin, le dossier archéologique, Flammarion, Paris, 1984, p. 21 et 25.

lorsque le pouvoir impérial à Constantinople décida de prendre parti dans ce désaccord, et fit du problème de l'icône et de son culte une affaire d'État[1].

On ne dispose que de peu de témoignages écrits et archéologiques pour connaître la position exacte des chrétiens des trois premiers siècles. Ceci s'explique par le fait que jusqu'au 3ème siècle, l'attente du prochain retour du Christ rendait toute mémoire visuelle superflue. D'autre part, des auteurs comme Justin (décédé vers 165), Clément d'Alexandrie (décédé en 213), Tertullien (décédé vers 225) et Origène (décédé en 254), par leur lecture et leur interprétation du prophète Isaïe[2], étaient tous persuadés de la laideur du Christ. Enfin les premières communautés chrétiennes, persécutées, n'avaient pas intérêt à se faire remarquer par des œuvres artistiques[3].

Les textes littéraires qui nous sont parvenus, comme ceux de Clément d'Alexandrie (décédé en 213)[4], de Tertullien (décédé en 225)[5], et de Minucius Felix[6] (date de décès inconnue, texte écrit vers 210) manifestent une nette opposition à l'égard des images, opposition inspirée par l'interdiction biblique, mais aussi par une volonté de se démarquer des païens. Ceci cependant n'implique pas le refus complet des images à finalité non cultuelles. Des artistes chrétiens travaillent même pour le monde païen. Tertullien leur recommande, s'ils veulent se convertir, de changer de métier[7], et Hippolyte (décédé vers 235) déclare: "Si quelqu'un est sculpteur ou peintre, on lui enseignera à ne pas fabriquer d'idoles; ils cesseront ou seront renvoyés"[8]. Clément d'Alexandrie énumère les figures que les chrétiens peuvent utiliser pour leurs sceaux: la colombe, le poisson, la lyre, le vaisseau, l'ancre, le pêcheur; mais non pas l'épée ou l'arc, parce que ces derniers s'opposent à l'attitude pacifique des croyants[9].

Dans une vie apocryphe grecque de l'apôtre saint Jean, attribuée au 2ème siècle, il est question d'un portrait de cet apôtre conservé chez l'un de ses disciples qui l'entourait d'une certaine vénération: posé sur une table spéciale, il était flanqué de deux cierges allumés. L'apocryphe cite le propriétaire de l'image selon lequel il honore l'image non pas parce qu'elle était porteuse de la présence spirituelle de

[1]   Grabar, op. cit., p. 19.

[2]   Isaïe 52:14 et 53:2-3.

[3]   Martin, Pierre: La résurrection en images, Éditions Saint-Augustin, Saint Maurice, 2001, p. 23.

[4]   Clément d'Alexandrie: Le protreptique, Cerf, Paris, 1976, par. 46-59; Clément d'Alexandrie: Les stromates, Cerf, Paris, 1997, VII.V, par. 28-29.

[5]   Tertullian: On idolatry, in: http://www.earlychristianwritings.com/text/tertullian02.html.

[6]   Felix, Minucius (date de décès inconnue): Octavius, dans: http://www.chez.com/voxdei/felix.htm.

[7]   Tertullian: On idolatry, op. cit., chapitres IV et V.

[8]   Hippolyte: La tradition apostolique, Cerf, Paris, 1968, p. 71.

[9]   Clément D'Alexandrie: Le pédagogue, Cerf, Paris, 1970, III, par. 59-60.

Jean, mais parce qu'elle permettait d'invoquer ce saint[1]. On trouve aussi une légende selon laquelle la première image de Marie fut peinte par saint Luc, devenu par la suite le patron des peintres. Une autre dit que Marie a confectionné elle-même une image du Christ. Une troisième, tardive celle-ci (du VIème siècle) attribue au Christ lui-même certains autoportraits (*achiropiites*, non faits de main d'homme) qui trouvèrent des adorateurs particulièrement fervents chez les empereurs de Constantinople[2]. Un de ces portraits, portant empreinte du visage de Jésus, aurait été envoyé par ce dernier au roi Agbar, prince d'Osroène, roi d'Édesse; il est encore célébré par l'Église d'Orient le 16 août[3]. Les iconodules exploiteront ces images pour légitimer le recours aux images religieuses[4].

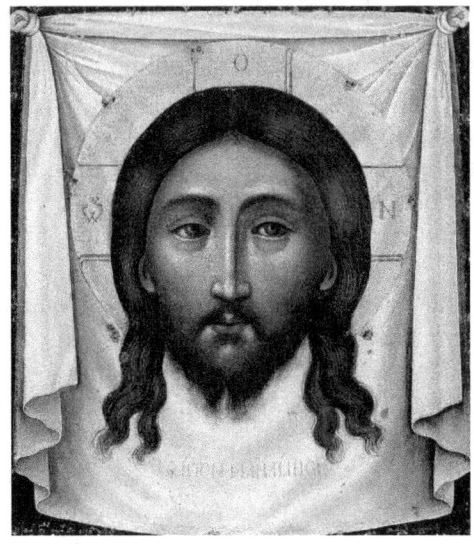

Autoportrait du Christ[5]

On dispose d'un petit nombre de textes du 4ème siècle qui rejettent le recours des chrétiens aux images:

- Le canon 36 du Concile d'Elvire en Espagne (vers 313) dit: "Il ne doit y avoir aucune image dans l'église de peur que ce qui est objet de culte et d'adoration ne soit peint sur les murs"[6].

- Entre 313 et 324, écrivant à Constantina, sœur de l'empereur Constantin, qui lui demandait de lui procurer un portrait du Christ, Eusèbe s'y oppose fermement, en insistant sur l'inutilité de figurer Jésus tel qu'il était sur terre et l'impossibilité de reproduire ses traits divins, tels qu'il les a au ciel. Il ajoute

[1] Grabar, op. cit., p. 17-18.
[2] Ibid., p. 18-19.
[3] Besançon, Alain: L'image interdite, une histoire intellectuelle de l'iconoclasme, Fayard, 1994, p. 153.
[4] Menozzi, Daniele: Les images: l'Église et les arts visuels, Cerf, Paris, 1991, p. 16.
[5] http://goo.gl/asRBwZ
[6] Ibid., p. 80.

que "ce genre de choses était tenu loin des églises dans le monde entier, et qu'elles étaient interdites aux chrétiens"[1].

- Dans une lettre de 394 adressée à Jean de Jérusalem, Épiphane, évêque de Salamine, écrit, qu'en passant près de Béthel, il a vu une courtine pendue aux portes d'une église avec une image peinte du Christ ou d'un des saints. Il ajoute: "Après avoir vu ce sacrilège - que dans une église du Christ, contrairement à l'autorité des Écritures, était appendue une image humaine -, j'ai déchiré cette courtine, et j'ai conseillé aux gardiens de ce lieu d'en confectionner plutôt un linceul pour envelopper et enterrer la dépouille d'un indigent défunt". Citant Dt 6:13; Mt 4:10 et Rm 14:11, il considère le culte d'adoration rendu aux images comme une des formes d'idolâtrie. Il avance aussi l'argument selon lequel l'image est mensongère: les artistes nous trompent en représentant le Christ, les apôtres, les anges, non d'après ce qu'ils sont en réalité, mais d'après leur propre idée. De ce fait, Épiphane demande à l'empereur Théodose de prescrire qu'on enlève les peintures réalisées dans les églises et que l'on badigeonne les fresques et les mosaïques[2].

Face à ces témoignages opposés à l'image, on ne dispose pas de textes qui leur soient favorables, probablement parce que les images étaient tellement répandues qu'on ne sentait pas le besoin de les défendre[3]. Ce phénomène est devenu plus visible avec la conversion de Constantin (décédé en 337) et de l'État romain. Mais ceci n'empêchait pas des réactions iconoclastes. Ainsi Serenus, évêque de Marseille, a fait détruire toutes les images de sa ville. A cette occasion, le Pape Grégoire le Grand lui adresse des remontrances dans une lettre de 600: s'il le loue d'avoir empêché les fidèles d'adorer des images, il le blâme de les avoir privés des enseignements qu'elles représentent:

> Autre chose en effet est d'adorer une peinture, et autre chose d'apprendre par une scène représentée en peinture ce qu'il faut adorer. Car ce que l'écrit procure aux gens qui lisent, la peinture le fournit aux analphabètes (*idiotis*) qui la regardent puisque ces ignorants voient ce qu'ils doivent imiter; les peintures sont la lecture de ceux qui ne savent pas leurs lettres, de sorte qu'elles tiennent le rôle d'une lecture, surtout chez les païens. Ce à quoi tu aurais dû prêter attention, toi, surtout, qui habites parmi les païens, pour éviter d'engendrer le scandale dans les âmes barbares par cette flambée d'un zèle honnête, mais imprudent[4].

Le rôle des images ne s'est pas arrêté à l'instruction, comme souhaité par Grégoire. Diverses croyances les entourent. Ainsi on croit qu'elles parlent, pleurent, saignent, traversent la mer, volent dans les airs, apparaissent en songe. Elles sont représentées sur la monnaie et les sceaux impériaux. Elles président aux jeux de l'hippodrome. Et surtout elles marchent dans les batailles à la tête des armées dans une

---

[1]   Voir lettre d'Eusèbe dans Menozzi, op. cit., p. 70-72.
[2]   Menozzi, op. cit., p. 17-18 et 83-84.
[3]   Grabar, op. cit., p. 19-20.
[4]   Texte dans Menozzi, op. cit., p. 75-77.

période marquée par de vives tensions entre Byzance et la Perse. Héraclius (décédé en 641) emporte avec lui dans ses expéditions l'image du Christ et de Marie. Lors du grand siège de 626, le patriarche Serge, suivi du sénat, fit procession autour des murailles portant ces images[1].

Étant devenues une affaire publique et étatique, les images devaient trouver une consécration de la part des autorités religieuses. Ceci fut fait dans le concile Quinisexte, tenu dans le palais impérial en 691-692. Le canon 82 demande le remplacement des symboles par des figures. Ainsi l'Agneau désigné par le Précurseur Jean-Baptiste devrait désormais être remplacé par la figure de Jésus. Le canon 100 prescrit "que les peintures trompeuses exposées au regard et qui corrompent l'intelligence en excitant les plaisirs honteux - que ce soient des tableaux ou toutes autres choses analogues, ne soient représentées en aucune façon, et si quelqu'un entreprend d'en faire, qu'il soit excommunié"[2].

4) L'iconoclasme byzantin (725-843)

La situation s'est renversée au 8ème siècle dans la partie orientale de l'empire. En 725, l'empereur Léon III a déclenché le mouvement iconoclaste qui durera jusqu'en 843, avec une période d'interruption de 780 à 815. Il a fait détruire en 726 le Christ, image protectrice de Constantinople, placée au-dessus de la porte du palais impérial. En 730, par un édit impérial, il a interdit les images et a fait entreprendre la destruction des icônes, objets de la ferveur populaire. En réaction, le Pape Grégoire III a convoqué en 731 un concile qui excommunie tous ceux qui "s'opposent à la vénération des saintes images et les blasphémeraient, les détruiraient ou les profaneraient". Mais le mouvement iconoclaste s'est poursuivi, en prenant une ampleur plus grande, sous le règne de Constantin V. Celui-ci a convoqué un synode épiscopal en 754 qui a jugé que l'icône est une production humaine: or les hommes sont incapables de représenter le sacré; en conséquence, la vénération des images se présente comme inacceptable et même idolâtrique. Le horos (déclaration finale) de ce synode iconoclaste déclare:

> Toute image doit être rejetée de l'Église chrétienne comme étrangère et haïssable, de quelque matière et couleur que l'art maléfique des peintres l'ait fabriquée... Celui qui ose à partir de maintenant fabriquer une image, se prosterner devant elle, l'installer dans une église ou dans une maison particulière, ou qui la cache, s'il est évêque, prêtre ou diacre, qu'il soit déposé, s'il est moine ou laïc, qu'il soit justiciable des lois de l'empire, comme opposant aux commandements de Dieu et ennemi des doctrines des Pères[3].

Ce mouvement iconoclaste n'empêchait cependant pas de faire figurer sur la monnaie l'effigie de l'empereur[4].

---

[1] Besançon: L'image interdite, p. 157-158. Sur l'usage monétaire et militaire de l'image dans cette période, voir Grabar, op. cit., p. 34-43.

[2] Texte dans Menozzi, op. cit., p. 80-81.

[3] Voir le texte dans Menozzi, op. cit., p. 96-99.

[4] Voir Grabar, op. cit., p. 135-143.

Les raisons du mouvement iconoclaste sont multiples. A part les arguments théologiques et les excès des cultes des images, on avance des arguments politiques, économiques et sociaux. D'une part, l'empereur voulait centraliser le pouvoir menacé par la division de l'empire en provinces, division consacrée par les saints protecteurs. D'autre part, l'empereur devait tenir compte de la présence dans la partie orientale de l'empire d'une importante communauté juive hostile aux images, ainsi que des expéditions militaires des musulmans qui reprochaient aux chrétiens d'être adorateurs d'idoles[1]. Sur le plan économique, l'empereur aspirait à une réforme agraire mise en difficulté par les monastères qui étaient grands producteurs et bénéficiaires d'images et en même temps grands propriétaires terriens. Il y avait aussi une contradiction entre l'idéal de pauvreté et le luxe représenté par les images.

Le mouvement iconoclaste a provoqué la déchirure entre l'Église orientale et l'Église occidentale. Il en résulta une guerre civile; des ruines immenses; des martyrs sans nombre; la destruction de la quasi-totalité des icônes. Celles qui furent sauvées sont principalement celles qui se trouvaient en territoire musulman. Et c'est d'ailleurs dans cette partie du monde qu'on trouve le plus fervent défenseur des icônes en la personne de Jean Damascène (décédé en 749). Celui-ci affirme qu'il existe une différence entre les juifs et les chrétiens: l'interdiction de l'Ancien Testament s'explique par la tendance des juifs à l'idolâtrie, alors que cette interdiction n'a plus de raison de se maintenir chez les chrétiens qui ont appris à connaître la nature spirituelle de la religion. S'il est impossible de figurer Dieu, on peut par contre figurer Jésus qui a pris forme humaine. Jean établit ensuite la distinction entre le culte réservé à Dieu seul et la vénération dont les icônes peuvent faire l'objet. Il précise que la fonction de l'icône consiste à favoriser l'obtention de grâces et d'aides célestes pour le fidèle. Il fait un parallélisme entre l'écriture et l'image: il appartient à la parole de diffuser la vérité, et à l'image de la fixer. L'image est pour l'illettré, ce que la lettre est pour ceux qui savent lire[2].

5) Réhabilitation de l'art à Nicée II

Après la mort de Constantin V, en 775, et l'accession au pouvoir de l'impératrice Irène, favorable aux images, le mouvement n'est plus poursuivi avec hargne par la garde impériale. Le concile de Nicée II de 787, convoqué par l'impératrice, vint légitimer le culte des images:

> Nous décidons que les saintes images, soit de couleur, soit de pièces de rapport, ou de quelque autre matière convenable, doivent être exposées, comme la figure de la croix de Notre Seigneur Jésus-Christ, tant dans les églises, sur les vases et les habits sacrés, sur les murailles et les planches, que dans les maisons et dans les chemins: c'est à savoir l'image de Jésus-Christ, de sa sainte mère, des anges et de tous les saints; car plus on les voit souvent dans leurs images, plus ceux qui les regardent sont excités au souvenir et à l'affec-

---

1   Sur le lien entre l'iconoclasme byzantin et les deux communautés juive et musulmane, voir Grabar, op. cit., p. 116-132.

2   Menozzi, op. cit., p. 23-24 et texte de Jean Damascène dans Menozzi, op. cit., p. 90-94.

tion des originaux. On doit rendre à ces images le salut et l'adoration d'honneur, non la véritable latrie que demande notre foi, et qui ne convient qu'à la nature divine. Mais on approchera de ces images l'encens et le luminaire, comme on en use à l'égard de la croix, des Évangiles et des autres choses sacrées; le tout suivant la pieuse coutume des anciens: car l'honneur de l'image passe à l'original; et celui qui adore l'image adore le sujet qu'elle représente. Telle est la doctrine des saints Pères, et la tradition de l'Église catholique, répandue partout. Nous suivons ainsi le précepte de saint Paul, en retenant les traditions que nous avons reçues. Ceux donc qui osent penser ou enseigner autrement; qui abolissent, comme les hérétiques, les traditions de l'Église; qui introduisent des nouveautés, qui ôtent quelque chose de ce que l'on conserve dans l'église, l'Évangile, la croix, les images, ou les reliques des saints martyrs; qui profanent les vases sacrés, ou les vénérables monastères: nous ordonnons qu'ils soient déposés, s'ils sont évêques ou clercs; et excommuniés, s'ils sont moines ou laïques[1].

La montée sur le trône byzantin de Léon en 813 provoque une renaissance de l'iconoclasme. Léon convoqua en 815 un concile à Constantinople, lequel dénonce les décisions du concile de Nicée II prises par des "évêques ignorants" lorsque "l'Empire tombât de la main des hommes dans celle d'une femme et que l'Église de Dieu fût ruinée par la simplicité féminine", référence à l'impératrice Irène[2]. Ce mouvement ne prit fin qu'en mars 843 sur décision d'une autre femme, l'impératrice Théodora, qui fit proclamer par un synode dirigé par le patriarche de Constantinople, nommé par elle-même, le retour à la vénération des images. Cet événement est célébré annuellement par les orthodoxes le premier dimanche du carême, qui s'appelle "le dimanche de l'orthodoxie". Désormais, on ne discutera pas de la légitimité de faire et d'honorer des images, mais uniquement de la question de savoir quelles images allaient être autorisées. Le quatrième concile de Constantinople, en sa dixième session, le 28 février 870, repréécise les décisions du deuxième concile de Nicée[3].

6) La Réforme et l'art figuratif

L'iconoclasme a refait surface en Occident au seizième siècle avec la Réforme. Il a été précédé et influencé par l'invention de l'imprimerie qui fit passer l'image au second plan après l'écriture. Il a été accompagné par une nouvelle mise en scène de la foi. Avec les images, ont disparu les processions, les pèlerinages, les messes votives, les fêtes patronales, les gestes d'une piété souvent très empreinte de superstition… les mitres, les chasubles, les surplis, les croix et médaillons bénis, etc.[4]. On dira ici un mot de la position de trois principaux acteurs de la Réforme face à l'image: Luther, Zwingli et Calvin.

---

[1] http://membres.lycos.fr/lesbonstextes/menu.htm
[2] Menozzi, op. cit., p. 111-113.
[3] Voir le texte dans Menozzi, op. cit., p. 115-116.
[4] Reymond, Bernard: Le protestantisme et l'image: pour en finir avec quelques clichés, Labor et fides, Genève, 1999, p. 12.

Martin Luther (1483-1546) interprète l'interdiction biblique dans le sens d'une interdiction de l'idolâtrie et non pas de l'image elle-même. Il rappelle que Moïse avait élevé un serpent d'airain dans le désert et placé deux chérubins au-dessus de l'Arche d'Alliance. En raison de l'abus auquel les images donnent lieu, il voudrait qu'elles fussent abolies dans le monde entier, mais cette raison ne serait pas suffisante pour renverser, enlever et brûler toutes les images, car il y a encore des gens qui savent en faire un bon usage. Il s'est servi lui-même des images pour propager ses idées. En bon tacticien, il a estimé que la bonne méthode pour combattre les images était de prêcher que les images ne sont rien, que Dieu ne les demande pas et qu'il vaut mieux venir en aide aux pauvres plutôt que d'ériger des images, vu que Dieu a commandé la première chose, mais non la seconde. Ainsi les images tomberaient mortes d'elles-mêmes, sans beaucoup de vacarmes. Mais il légitime la pratique iconoclaste pour les cas d'idolâtrie évidente, à condition que cette pratique soit prise en main par l'autorité civile[1].

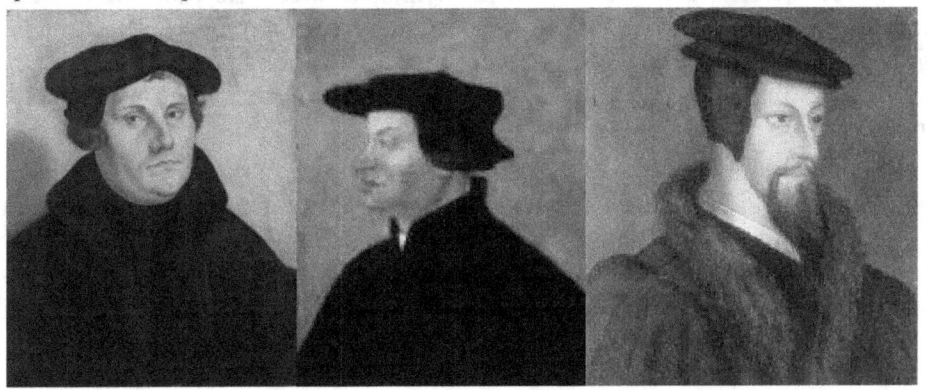

Martin Luther[2] Ulrich Zwingli[3] Jean Calvin[4]

Ulrich Zwingli (1484-1531), le réformateur de Zurich, réclame en 1523 que toutes les images soient éloignées des églises. Cela vaut pour les images des saints, de la Vierge, du Christ, et même pour le crucifix. Il affirme que les images matérielles ne peuvent être que des obstacles à la Parole, qui est de nature spirituelle. Ainsi, la fidélité à l'Écriture implique une opposition radicale à l'utilisation des images comme instruments de médiation entre l'homme et le divin. Mais Zwingli a toléré l'usage des images dans les illustrations de la Bible[5].

Jean Calvin (1509-1564), le réformateur de Genève, était le plus intransigeant des trois réformateurs. Il a développé sa doctrine dans les chapitres XI et XII du livre premier de l'Institution chrétienne. Selon lui, toute représentation du divin incite le fidèle à l'idolâtrie et à la superstition. Il rejette avec mépris le deuxième concile de

---

[1]   Menozzi, op. cit., p. 38-39, et deux textes de Luther dans Menozzi, op. cit., p. 163-169.

[2]   http://goo.gl/M1HJPV

[3]   http://goo.gl/EVFW6Q

[4]   http://goo.gl/8ApDDz

[5]   Ibid., p. 39.

Nicée. Dieu ne s'enseigne pas par des simulacres, mais par sa propre parole. Affirmer que les images servent de livres à l'ignorant, comme le dit Saint Grégoire, ne fait que trahir la démission de l'Église chargée de transmettre la parole de Dieu. Calvin cependant n'interdit pas l'image, à condition qu'elle abdique sa prétention à la représentation du divin: "Je ne suis pas tant scrupuleux de juger qu'on ne doive endurer et souffrir nulles images; mais autant que l'art de peindre et tailler sont dons de Dieu, je requiers que l'usage en soit gardé pur et légitime". Le grand talent des artistes peut s'exercer sur l'histoire, le paysage ou le portrait: cela est utile et en tout cas plaisant. Mais dans le temple, rien: "… que la majesté de Dieu, qui est trop haute pour la vue humaine, ne soit pas corrompue par fantômes, qui n'ont nulle convenance avec elle". Parlant des images des saintes, il écrit: "Les putains seront plus modestement accoutrées en leurs bordels, que ne sont peintes les images des vierges aux temples des papistes"[1].

Le Professeur Bernard Reymond, de la faculté de théologie protestante de Lausanne, écrit que la Réforme a eu pour conséquences la fermeture et parfois la démolition d'églises et de chapelles, la suppression des nombreux oratoires et croix votives disséminés partout dans le paysage tant urbain que rural, et l'anéantissement des images, statues et croix[2]. Il ajoute:

> Sans vouloir les offenser, les amateurs d'art qui, aujourd'hui, se lamentent devant les dégâts dus à ces remaniements patrimoniaux devraient se rendre compte qu'ils en jugent en fonction de critères propres aux élites cultivées occidentales des XIXe et XXe siècles, et non en fonction des jugements de valeur qui prévalaient dans les siècles antérieurs. La protection des monuments historiques, donc de tout ce à quoi tiennent aujourd'hui les amis des beaux-arts, est une invention récente[3].

Il explique que la destruction des images était due au fait qu'on voyait dans ces images des idoles, dans le sens de la Bible. C'était donc une application du deuxième commandement[4]. Mais il y avait aussi des raisons sociales. On voulait porter atteinte à la suprématie d'une corporation ou aux privilèges nobiliaires d'une famille. On estimait en outre que ces "idoles" détournaient à leur profit (ou à celui de leurs servants) des sommes dont le service des pauvres aurait eu le plus grand besoin[5].

En réaction aux enseignements des réformés, l'Église catholique répondit par le décret approuvé en 1563 au Concile de Trente. Se référant au concile de Nicée II, le décret affirme la licéité des représentations du Christ, de Marie et des saints. Mais en même temps, il souligne le rôle éducatif des prêtres en vue d'éloigner le peuple de toute forme de superstition liée à l'attribution de qualités magiques aux

---

1   Ibid., p. 39-40 et le texte de Calvin dans Menozzi, op. cit., p. 172-179. Voir aussi Wencelius, Léon: L'esthétique de Calvin, Slatkine reprints, Genève, 1979, p. 161-188.
2   Reymond: Le protestantisme et les images, op. cit., p. 15-16.
3   Ibid., p. 15-16.
4   Ibid., p. 22-25.
5   Ibid., p. 25-26.

images. Il demande à l'épiscopat de contrôler la production artistique; en cas de conflit, les évêques exerceront d'abord cette fonction avec l'aide d'experts, puis de manière collégiale, dans les conciles provinciaux; on recourra au St-Siège en dernière instance[1].

7) Sollicitudini Nostrae de Benoît XIV (1745)

Une religieuse carmélite du diocèse d'Augsbourg, Marie Crescence de Kaufbeuren (1682-1744), avait eu une vision du Saint-Esprit sous l'aspect d'un beau jeune homme[2]. Elle l'avait fait peindre et diffuser sous cette forme en petites images[3].

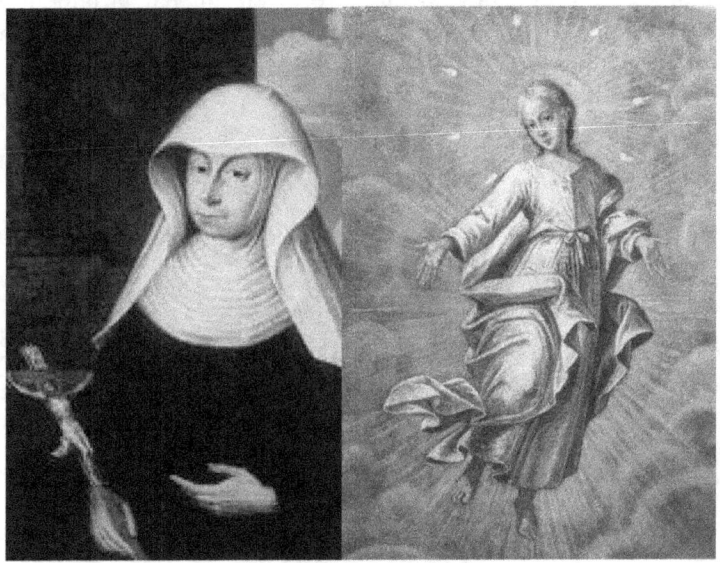

Crescence de Kaufbeuren[4] et sa vision du Saint-Esprit[5]

Averti, le Pape Benoît XIV demanda un complément d'information. L'Évêque d'Augsbourg, non content de faire saisir les images, nomma une commission d'enquête dont les actes furent envoyés à Rome avec une lettre de l'Évêque[6]. Ce dernier y exprimait sa perplexité devant la réaction contre l'image du Saint-Esprit en jeune homme alors que maints tableaux exposés dans les églises représentaient de cette façon la 3ème personne au sein de la Trinité. Le Pape répondit le 1er octobre 1745 dans une longue lettre intitulée *Sollicitudini Nostrae*. Il y dit que la Bible était le seul critère pour déterminer la forme autorisée pour représenter la Trinité. Passant en revue les différentes images existantes représentant le Saint-Esprit, le Pape juge

---

1   Menozzi, op. cit., p. 41 et le texte du décret dans Menozzi, op. cit., p. 190-192.
2   Voir sur cette affaire l'excellent ouvrage de Boespflug, François: Dieu dans l'art. Sollicitudini Nostrae de Benoît XIV (1745) et l'affaire Crescence de Kaufbeuren, Paris, 1984.
3   Sainte Thérèse d'Avila aurait aussi eu une vision similaire (Boespflug, op. cit., p. 149-152).
4   http://goo.gl/2eht77
5   http://goo.gl/Kbf7oN
6   Texte et traduction dans Boespflug, op. cit., p. 22-59.

que les seules images véritablement légitimées par la Bible sont celle où le Saint-Esprit est sous forme de colombe apparue lors du baptême de Jésus[1] ou de langues de feu apparues lors de la Pentecôte[2]. D'autres images sont tolérées, par exemple celles représentant la Trinité sous forme des trois visiteurs apparus à Abraham[3] et qui seraient les trois personnes de la Trinité selon certaines interprétations. Quant à Dieu le Père, il devait être représenté sous la forme d'un homme âgé, selon la vision de Daniel[4]. D'autres images par contre sont interdites, comme celles qui représentent la Trinité sous forme d'un homme à trois visages ou à deux têtes avec au milieu la colombe, ce qui en fait un monstre offensant par la laideur et sans base biblique. Et comme la Bible ne dit pas que le Saint-Esprit était apparu sous la forme d'un jeune homme, l'image en question devait être interdite et retirée partout.

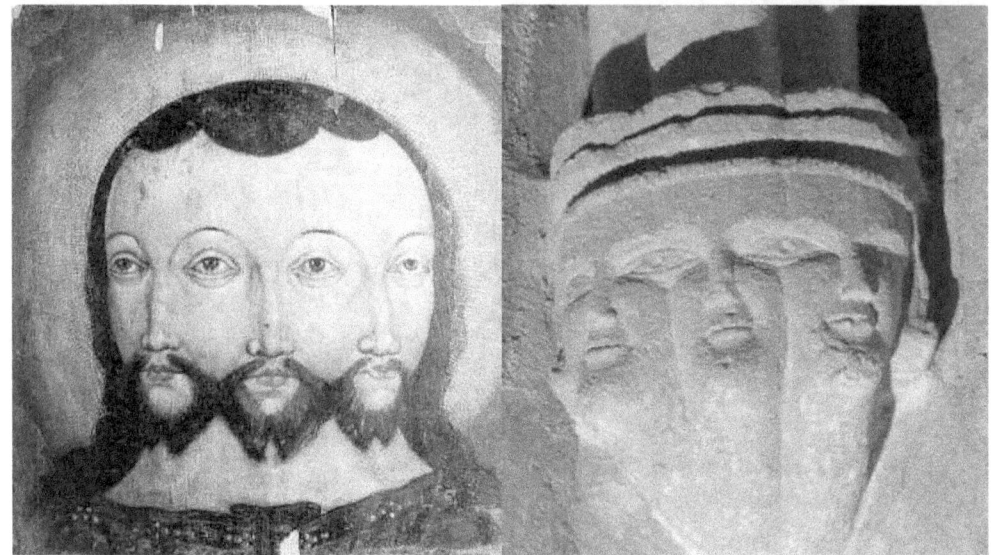

La Trinité tricéphale dans la peinture[5] et la pierre[6]

La réponse du Pape Benoît XIV dans cette affaire a force de loi et une portée universelle pour l'Église catholique[7]. L'article 1279 du Code de droit canon de 1917 en fait une des sources, avec le concile de Trente, sur l'exposition des images dans les lieux sacrés. A part le retrait de l'image incriminée et d'un relief d'autel de la Cathédrale Saint Etienne à Vienne qui représentait la Trinité par trois hommes identiques, la lettre de Benoît eut peu d'impact. Ainsi en 1749 il fut peint dans l'église souabe d'Altdorf un Couronnement de la Vierge représenté comme une cérémonie de cour où le Saint-Esprit, splendide jeune homme, se hâte à la rencontre de son

---

[1]   Matthieu 3:16; Marc 1:10; Luc 3:22; Jean 1:32.
[2]   Actes des apôtres 2:3.
[3]   Genèse 18:1-2.
[4]   Daniel 7:9.
[5]   http://goo.gl/iw4fhz
[6]   http://goo.gl/8T6JnE
[7]   Boespflug, op. cit., p. 153-160.

épouse. Cette peinture eut un succès tel que l'artiste reçut commande pour une semblable à Schongau. Le cas n'est pas isolé[1].

8) Position du concile Vatican II et du code de droit canonique

La constitution sur la liturgie (*Sacrosanctum concilium*, 1963) émanant du concile Vatican II proclame la pleine liberté de l'art dans l'Église, mais il pose une condition: "Servir les édifices et les rites sacrés, avec le respect et l'honneur qui leur sont dus". Elle demande aux évêques de se préoccuper davantage de la beauté que de la seule richesse et elle leur enjoint de refuser les œuvres qui sont contraires à la foi, à la morale et à la piété, ou qui offensent la sensibilité religieuse authentique. La constitution *Gaudium et spes* (1965) invite les communautés ecclésiales à accueillir les tentatives artistiques modernes qui apparaissent dans les cultures particulières des différentes régions[2].

Le code de droit canonique de 1983 consacre à l'art les canons 823 et 1188-1190 que nous citons ici:

Can. 823 - § 1. Pour préserver l'intégrité de la foi et des mœurs, les pasteurs de l'Église ont le devoir et le droit de veiller à ce qu'il ne soit pas porté de dommage à la foi ou aux mœurs des fidèles par des écrits ou par l'usage des moyens de communication sociale, d'exiger aussi que les écrits touchant à la foi ou aux mœurs, que les fidèles se proposent de publier, soient soumis à leur jugement, et même de réprouver les écrits qui nuisent à la foi droite ou aux bonnes mœurs.

Can. 1188 - La pratique qui consiste à proposer dans les églises des saintes images à la vénération des fidèles sera maintenue; toutefois ces images seront exposées en nombre modéré et dans un ordre convenable, pour ne pas susciter l'étonnement du peuple chrétien et de ne pas donner lieu à une dévotion plus ou moins sûre.

Can. 1189 - Les images précieuses, c'est-à-dire remarquables par leur antiquité, leur valeur artistique ou le culte dont elles sont l'objet, et qui sont exposées à la vénération des fidèles dans les églises ou les oratoires, ne seront jamais restaurées, quand elles ont besoin de réparation, sans la permission écrite de l'Ordinaire qui avant de la donner consultera des personnes compétentes.

Can. 1190 - § 1. Il est absolument interdit de vendre des saintes reliques.

§ 2. Les reliques insignes et celles qui sont honorées d'une grande vénération populaire ne peuvent en aucune manière être aliénées validement ni transférées définitivement sans la permission du Siège Apostolique.

§ 3. La disposition du § 2 vaut également pour les images qui sont honorées d'une grande vénération populaire dans une église[3].

---

[1] Ibid., p. 166.

[2] Menozzi, op. cit., p. 60-61, 275-278 et 283.

[3] http://goo.gl/r3u65q

Ayant passé en revue les normes et les positions des juifs et des chrétiens, il nous faut maintenant exposer la situation de l'art figuratif chez les musulmans, en insistant notamment sur le groupe sunnite qui forme neuf dixièmes de la communauté musulmane dans le monde.

Chapitre III.
Les normes musulmanes

1) Sources des normes musulmanes

Les musulmans ont hérité des juifs la croyance que Dieu a dicté les normes selon lesquelles l'humanité doit se conduire. Ces normes sont définies dans le Coran et la Sunnah de Mahomet qui constituent les deux sources principales. Le Coran[1] dit:

> Lorsque Dieu et son envoyé ont décidé d'une affaire, il n'appartient pas à un croyant ou une croyante d'avoir le choix dans leur affaire. Quiconque désobéit à Dieu et à son envoyé, s'est égaré d'un égarement manifeste (33:36).

> La parole des croyants lorsqu'on les appelle vers Dieu et son envoyé, pour que celui-ci juge parmi eux, [consiste] à dire: "Nous avons écouté et avons obéi". Ceux-là sont ceux qui réussiront (24:51).

Le cheikh Muhammad Mitwalli Al-Sha'rawi (décédé en 1998), personnalité religieuse et politique égyptienne, dit que la révélation est venue trancher les questions sujettes à divergence, libérant ainsi l'homme de la peine de les résoudre par la discussion ou par des expériences répétitives épuisantes. Le musulman n'a pas à chercher en dehors de l'islam des solutions à ses problèmes puisque l'islam offre des solutions éternelles et bonnes dans l'absolu. Il ajoute: "Si c'était moi le responsable de ce pays ou le chargé d'appliquer la loi de Dieu, je donnerais un délai moratoire d'une année à celui qui rejette l'islam, lui accordant le droit de dire qu'il n'est plus musulman. Alors je le dispenserai de l'application de la loi musulmane en le mettant à mort en tant qu'apostat"[2]. Ainsi le musulman Al-Sha'rawi exprime ici la même idée que celle exprimée par son compatriote juif Maïmonide huit siècles avant lui.

2) Le Coran et l'art figuratif

Le Coran mentionne cinq fois le terme *sanam* (statue d'idole)[3], deux fois le terme *timthal* (litt. un similaire; il indique aussi bien la statue que l'image)[4], et trois fois le terme *nasab* (pierre dressée)[5]. Il parle aussi de la sculpture en lien avec l'idolâtrie:

---

1   Les chiffres dans le texte et les notes de bas de page renvoient au Coran dont nous utilisons notre propre traduction.

2   Al-Sha'rawi, Muhammad Mitwalli: Qadaya islamiyyah, Dar al-shuruq, Beyrouth & le Caire 1977, p. 25-26, 28-29 et 35-39.

3   6:74; 7:138; 14:35; 21:57; 26:71.

4   21:52; 34:13.

5   5:3, 90; 70:43.

"Adorez-vous ce que vous-mêmes sculptez?" (37:95). Ces termes désignent des figures, parfois difformes, faisant l'objet d'adoration, que le Coran appelle souvent *alihah* (plur. d'Allah: divinités)[1], indiquant parfois leurs noms[2].

Le Coran signale l'hostilité de Noé à l'égard des idoles[3] et s'étend longuement sur l'histoire d'Abraham, modèle des musulmans (60:4), qui a mis en miettes les idoles de sa tribu (21:58), provoquant la colère de cette dernière[4]. Il mentionne également la condamnation des idoles par Moïse:

> Nous avons fait passer la mer aux fils d'Israël. Ils sont venus auprès de gens attachés au culte de leurs idoles. Ils dirent: "Ô Moïse! Fais-nous un dieu semblable à leurs dieux". Il dit: "Vous êtes des gens ignorants. Ceux-là, ce en quoi ils sont est détruit, et ce qu'ils faisaient est vain" (7:138-139).

Trois passages du Coran semblent faire exception à cette hostilité à l'égard des statues. Le premier concerne Salomon:

> Ils font pour lui ce qu'il souhaitait: sanctuaires, statues, plateaux [grands] comme des bassins, et marmites ancrées. "Gens de David! Faites pour re-mercier". Peu de mes serviteurs sont remerciants (34:13).

Les deux autres concernent Jésus:

> Je suis venu à vous avec un signe de votre Seigneur. Pour vous, je crée de la glaise comme la figure d'un oiseau, puis j'y souffle et, avec l'autorisation de Dieu, elle devient un oiseau (3:49).

> [...] lorsque Dieu dit: "Ô Jésus, fils de Marie! Rappelle-toi ma grâce envers toi et envers ta mère lorsque je te fortifiais de l'esprit saint. Tu parlais aux humains dans le berceau comme un adulte. Je t'enseignais le livre, la sagesse, la Torah et l'Évangile. Tu créais de la glaise comme la figure d'oiseau avec mon autorisation, puis tu y soufflais et, avec mon autorisation, elle devenait un oiseau (5:110).

En arabe, l'image se dit surah; faire une image: *sawwar*; celui qui fait l'image: *musawwir* (un des 99 noms de Dieu). Le Coran utilise de nombreuses fois ces termes pour désigner l'œuvre de Dieu consistant à donner une forme à un objet qu'il crée:

> C'est lui qui vous forme (*yusawwirakum*), dans les matrices, comme il sou-haite. Il n'est de dieu que lui! Le fier, le sage (3:6).

> Ô humain! Qu'est-ce qui t'a trompé au sujet de ton honorable Seigneur, qui t'a créé, puis t'a façonné, puis t'a ajusté? Il t'a monté dans la forme (surah) qu'il a souhaitée. (82:6-8).

---

[1]   6:74; 7:138; 17:42; 18:15; 19:81; 21:21, 22, 24, 43, 99; 25:3, 43; 36:23, 74; 37:86; 38:5; 43:45; 46:28.

[2]   Al-lat (53:19), Al-'Uzza (53:19), Manat (53:20), Wadd, Suwa'a, Yagout, Ya'ouq et Nasr (71:23).

[3]   71:23-27.

[4]   Voir sur l'hostilité d'Abraham à l'égard des idoles: 6:74; 14:35-36; 21:52-69; 26:69-77.

C'est lui Dieu, le créateur, le concepteur, le formateur (*musawwir*). À lui les meilleurs noms. Ce qui est dans les cieux et la terre l'exalte. Il est le fier, le sage (59:24).

Nulle part le Coran n'interdit de dessiner une image, une forme, mais comme ce terme est rattaché à l'œuvre de Dieu, celui qui se livre à une telle tâche est perçu comme faisant œuvre de Dieu et un concurrent redouté, surtout que l'image peut faire l'objet d'adoration, et donc promouvoir le polythéisme (association d'autres divinités à Dieu). D'où l'interdiction de l'image par les récits de Mahomet comme on le verra dans le point suivant.

3) La Sunnah et l'art figuratif

De nombreux récits de Mahomet parlent de son hostilité à l'égard des statues et des images. Nous en citons ici les plus importants auxquels nous nous référons par la suite en indiquant leur numéro. Nous tirons ces récits des recueils sunnites:

1) Jabir rapporte: Mahomet a ordonné à Umar Ibn-al-Khattab le jour de la conquête de la Mecque (en 630) d'aller à la Kaaba et d'effacer toute figure qui s'y trouve. Mahomet n'a accepté d'y entrer que lorsque toutes les figures ont été effacées.

2) Le jour de la conquête de la Mecque, Mahomet a trouvé autour de la Kaaba 360 idoles. Il les a poignardées une à une et les a faites tomber en répétant le verset suivant: "La vérité est venue et l'erreur a disparu. Car l'erreur est destinée à disparaître" (17:81).

3) Ibn-Abbas rapporte: Lorsque Mahomet a vu les images dans la Kaaba, il a refusé d'y entrer avant qu'elles ne soient effacées. Parmi ces images il y avait celles d'Abraham et d'Ismaël tenant dans la main les flèches divinatoires.

4) Ayshah rapporte: Mahomet est revenu d'un voyage. J'avais une étoffe comportant une image placée sur une étagère. Mahomet l'a arrachée en me disant: "Couvrez-vous les murs avec des rideaux?" J'ai fait alors de cette étoffe deux coussins. J'ai vu par la suite le Messager de Dieu s'appuyer sur ces coussins.

5) Ayshah rapporte: J'ai acheté une étoffe comportant des images. Lorsque le Messager de Dieu l'a vue il a refusé d'entrer. J'ai compris alors qu'il manifestait une répugnance. Je lui ai demandé: O Messager de Dieu, je demande pardon à Dieu et à son Messager. Qu'ai-je commis comme faute? Le Messager de Dieu a répondu: Qu'est-ce que c'est cette étoffe? Je lui ai répondu que je l'avais achetée pour qu'il puisse s'y asseoir et s'y appuyer. Il m'a dit: "Ceux qui font ces images seront punis le jour de la résurrection. On leur dira: Donnez vie à ce que vous avez créé". Ensuite il a dit: "Les anges n'entrent pas dans une maison où se trouvent les images".

6) Ayshah rapporte: Le Messager de Dieu est entré chez elle alors qu'elle se trouvait derrière un rideau comportant une image. Son visage a changé de couleur. Il s'est dirigé vers le rideau et l'a déchiré avec sa main en disant: "Les gens qui seront le plus châtiés le jour de la résurrection sont ceux qui font des œuvres similaires à celles de Dieu".

7) Ayshah rapporte: Nous avions un rideau comportant une image d'oiseau. Celui qui entrait chez nous le voyait en face. Le Messager de Dieu m'a dit: "Éloigne-le, parce que chaque fois que j'entre et je le vois, il me rappelle le monde".

8) Anas rapporte que Ayshah avait une étoffe qu'elle utilisait pour couvrir un coin de sa maison. Le Prophète lui a dit: "Écarte cette étoffe parce que ses images ne cessent d'être présentes dans mes prières".

9) Ayshah rapporte: Um Habibah et Um Salmah ont raconté au Prophète qu'elles avaient vu une église en Éthiopie qui comportait des figures. Il a dit: "Ces gens-là, lorsqu'un homme pieux meurt, ils construisent sur sa tombe un oratoire qu'ils décorent avec des figures. Ces gens sont les pires de la création auprès de Dieu le jour de la résurrection".

10) Abu-Hurayrah rapporte: Le Messager de Dieu a dit: "L'ange Gabriel est venu chez moi et m'a dit: Je suis passé hier chez toi mais j'ai été empêché d'entrer dans la maison où tu te trouvais parce qu'il y avait la statue d'un homme, un rideau comportant des images et un chien. Ordonne de couper la tête de la statue pour qu'il devienne comme un arbre, de découper le rideau pour en faire deux coussins négligés qu'on piétine, et de faire sortir le chien".

11) Abu-Hurayrah rapporte: L'ange Gabriel est venu dans la maison du Prophète qui comportait un rideau avec des images. Mahomet l'a invité d'entrer. Gabriel a répondu: "Nous n'entrons pas une maison dans laquelle il y a des images. Mais si tu tiens à avoir ces rideaux dans cette maison, coupe la tête des images ou découpe le rideau et fais-en des coussins ou un tapis.

12) Abu-Talhah rapporte: Le Messager de Dieu a dit que les anges n'entrent pas une maison dans laquelle il y a une figure. Bassar ajoute qu'Abu-Talhah est tombé malade et lorsque nous l'avons visité nous avons trouvé à sa porte un rideau comportant une image. J'ai demandé à Ubayd-Allah: "Ne nous a-t-il pas dit que les anges n'entrent pas une maison dans laquelle il y a une image?" Ubayd-Allah a répliqué: N'as-tu pas entendu la suite: "sauf si la figure est sur une étoffe"?

13) Ali rapporte: Le Messager de Dieu a dit: "Les anges n'entrent pas une maison dans laquelle il y une image, une femme ayant ses règles ou un chien".

14) Abu-Juhafah rapporte de son père: Le Prophète a maudit ceux qui font les images.

15) Abu-Huraryah dit avoir entendu le Messager de Dieu dire: "Dieu dit: Qui est plus injuste que celui qui fait une création similaire à la mienne. Qu'ils créent alors un atome, qu'ils créent un grain, qu'ils créent une semence d'orge"!

16) Sa'id fils d'Abu-al-Hassan rapporte: J'ai été chez Ibn-Abbas lorsqu'un homme est venu vers lui en disant: Je gagne ma vie de mes mains en faisant des images. Ibn-Abbas lui a répondu: Le Messager de Dieu a dit: "Celui qui fait une image, Dieu le punira en lui faisant insuffler la vie dans cette image sans qu'il n'y parvienne jamais". L'homme a sursauté et son visage est deve-

nu tout jaune. Ibn-Abbas lui a alors dit: "Si tu tiens à faire des images, dessine des arbres et toute chose qui n'est pas animée".

17) Un homme a invité Ali à un repas. Fatimah a alors proposé d'inviter Mahomet pour partager le repas. Lorsqu'il a mis les mains sur les lattes de la porte il a aperçu un rideau dans un coin de la maison et il a refusé d'entrer. Interpellé, Mahomet a répondu: "Je ne peux pas entrer dans une maison décorée".

18) Ayshah rapporte: Je m'amusais avec mes filles (jouets) chez le Messager de Dieu. Des amies venaient jouer avec moi et elles se cachaient lorsqu'elles le voyaient. Il les faisait alors passer chez moi pour jouer avec moi.

19) Ayshah rapporte: Le Messager de Dieu est venu d'une bataille. Un vent a fait voler le rideau couvrant l'étagère et on a aperçu les jouets d'Ayshah. Mahomet lui a demandé de quoi s'agissait-il? Elle a répondu: Mes filles. Il lui a demandé aussi: Et qu'est-ce qui se trouve au milieu d'elles. Elle lui a répondu: Un cheval ailé. Mahomet s'est étonné: Un cheval ailé? Elle a répondu: Mais n'as-tu pas entendu que Salomon avait des chevaux ailés? Mahomet a ri à gorge déployée.

20) Ayshah rapporte: Le Messager de Dieu ne laissait rien qui comportait une croix dans sa maison sans l'effacer.

A ces récits clairement hostiles à l'art figuratif, il nous faut ajouter un fait rapporté par l'historien Al-Azraqi (décédé vers 865). Celui-ci écrit que lorsque Mahomet a conquis la Mecque, il est entré dans la Kaaba et y a trouvé l'image d'Abraham jurant par les flèches divinatoires, des images d'anges et celles de Marie et de Jésus. Il a pris de l'eau, a fait venir une étoffe, a couvert les images de Marie et de Jésus de ses mains et a donné l'ordre d'effacer tout sauf ce qui est couvert par ses mains. Al-Azraqi affirme que ces deux images sont restées dans la Kaaba jusqu'à son incendie en 683[1], c'est-à-dire plus d'un demi-siècle après la conquête de la Mecque. Ce fait, jamais démenti, mais aussi jamais évoqué par les auteurs musulmans hostiles à l'art figuratif, fait douter de l'authenticité des autres récits susmentionnés.

4) Interprétation du Coran et de la Sunnah

A) Divergences des juristes classiques

A partir des versets du Coran et de la Sunnah, les juristes musulmans classiques ont dû se prononcer sur les représentations figuratives qu'ils connaissaient, à savoir les statues (appelée figures projetant une ombre) et les images. Ils sont parvenus à des positions divergentes qu'on peut résumer dans les points suivants:

a) Il y a unanimité sur l'interdiction de tout objet entrant dans le culte non musulman! C'est notamment le cas de la croix (voir le récit 20).

b) Il y a unanimité sur l'interdiction de toute statue complète d'objet animé (pouvant avoir une âme) que ce soit d'un être humain ou d'un animal. Les juristes expliquent que cette interdiction vise à combattre le paganisme. Il importe peu à cet égard que les statues représentent des idoles ou des person-

---

[1]   Al-Azraqi: Akhabar Makkah wa-ma ja' fiha min al-athar, texte sur Internet dans: http://www.alwaraq.com/, p. 82-84.

nages religieux respectables. Les juristes rapportent à cet égard que Wadd, Suwa'a, Yagout, Ya'ouq et Nasr, dont parle le verset 71:23, étaient à l'origine des personnages pieux que leurs tribus ont voulu honorer après leur mort en leur sculptant des statues, sur suggestion du diable. Les générations suivantes ont oublié le sens de ces statues et en ont fait des divinités[1]. On évoque ici le fait que Mahomet a effacé les images d'Abraham et d'Ismaël (voir le récit 3) et a blâmé les Éthiopiens qui mettent des images dans leurs églises (voir le récit 9).

c) La majorité interdit toute image d'objet animé d'un être humain ou d'un animal sur un support quelconque (étoffe ou paroi), à l'exception des images mises dans une position avilissante: sur un coussin servant à s'y appuyer, ou sur un tapis qu'on piétine. Al-Nawawi (décédé en 1277) écrit à cet égard:

Les grandes autorités de notre école et des autres tiennent que la peinture de l'image de tout être vivant est strictement défendue et constitue l'un des péchés capitaux, parce qu'elle est menacée par les punitions citées plus haut, ainsi qu'il est mentionné dans les traditions, qu'elle soit faite sur un objet vil ou non. Ainsi la fabrication en est interdite en toute circonstance, parce qu'elle implique une copie de l'activité créatrice de Dieu, qu'elle soit sur une robe, un tapis, une monnaie, l'or, l'argent ou le cuivre, sur un plat ou sur le mur; d'autre part, la peinture d'un arbre ou d'une selle de chameau et d'autres objets qui n'ont pas de vie n'est pas interdite. Telle est la décision en ce qui concerne la fabrication elle-même. De même, il est interdit de faire usage de tout objet sur lequel est représenté un être vivant, qu'il soit accroché à un mur ou porté comme vêtement ou en turban, ou se trouve sur tout autre objet d'usage non vil. Mais si c'est sur un tapis qu'on foule aux pieds ou un coussin ou un lit ou tout objet similaire d'usage vil, alors il n'est pas interdit. En tout cela, il n'y a pas de différence entre ce qui projette de l'ombre et ce qui n'en projette pas. Telle est la décision de notre école sur la question, et la majorité des compagnons du Prophète et leurs suivants immédiats et les savants des générations suivantes l'ont admise[2].

d) La majorité estime qu'une statue ou une image ayant été décapitée ou dont manque une partie vitale pour pouvoir être habitée par une âme devient licite (voir le récit 10). Ibn-Abbas dit que l'image est la tête; si la tête est coupée il n'y a plus d'image[3]. Par conséquent, il est permis d'avoir des images ou des statues d'êtres animés (sous forme humaine ou animale) dans les conditions suivantes:

[1] Ibn-Kathir, Isma'il: Tafsir al-Qur'an al-adhim, Dar al-ma'rifah, Beyrouth, 1980, vol. 4, p. 426.

[2] Al-Nawawi, Abu-Zakariyya: Al-minhaj fi sharh sahih Muslim, Dar al-khayr, Beyrouth, 1994, vol. 14, p. 267.

[3] Al-Bayhaqi, Abu-Bakr: Al-sunan al-kubra, Dar al-kutub al-ilmiyyah, Beyrouth, 1994, vol. 7, p. 270.

Qu'elles soient dans une forme excluant toute vie, en étant décapitée, dépecée ou évidée de ses organes internes.

Qu'elles soient dans une position vile comme sur un tapis qu'on piétine ou sur un coussin.

Ibn-al-Arabi (décédé en 1148) estime que ces deux conditions doivent être réunies. D'autres se limitent à une des deux conditions[1]. Les malikites permettent de supprimer un membre de la statue ou de lui percer le ventre[2]. Mais Al-Qaradawi, auteur moderne, interdit même les bustes bien qu'il leur manque une partie importante du corps, parce qu'ils servent à glorifier le personnage qu'ils représentent[3].

e) La grande majorité permet de faire une statue ou une image d'objets inanimés: un arbre, une lune, le soleil ou les vagues (à condition qu'ils ne servent pas à l'adoration). On invoque ici notamment les récits 12 et 16.

f) Une minorité interdit toute statue et toute image que ce soit d'objet animé ou inanimé, quelle que soit la position dans lesquelles elles se trouvent. Elle tire cette conclusion des termes généraux de certains récits qui interdisent les figures et maudissent les artistes qui les font (voir notamment le récit 14), sans spécification de leur objet[4]. Elle invoque aussi le verset 27:60 qui dit:

N'est-ce pas lui qui a créé les cieux et la terre et qui a fait descendre vers vous du ciel de l'eau avec laquelle nous avons fait pousser des vergers magnifiques. Il ne vous appartient pas de faire pousser leurs arbres. Y a-t-il donc un dieu avec Dieu? Ils sont plutôt des gens qui [lui] donnent des équivalents (27:60).

Abu-Hayyan (décédé en 1344) écrit à cet égard: "Le dessin est interdit dans notre loi. De graves menaces ont été proférées à l'égard des dessinateurs. Certains juristes font quelques exceptions, mais le récit "Dieu a maudit les dessinateurs" ne fait aucune exception"[5]. On signalera ici que les mosaïques de la paroi extérieure de la mosquée des Omeyyades à Damas qui ne comportent pas d'êtres animés ont été couvertes de plâtres par des rigoristes musulmans. Ces mosaïques n'ont été découvertes qu'en 1927[6].

On oppose à cette conception étroite le conseil qui a été donné par Ibn-Abbas au dessinateur de dessiner des arbres et des choses sans âme (voir ré-

---

1   Ibn-Hajar, Ahmad: Fath al-bari bi-sharh sahih al-imam Al-Bukhari, Idrat al-buhuth al-ilmiyyah, Riyadh, s.d., vol. 10, p. 388.

2   Al-Dardir, Ahmad Ibn-Muhammad: Al-sharh al-saghir, Dar al-ma'arif, le Caire, 1991, vol. 2, p. 501.

3   Al-Qaradawi, Yusuf: Al-halal wal-haram fil-islam, Maktabat Wahbah, le Caire, 16ème édition, 1985, p. 103.

4   Abu-Hayyan, Muhammad Ibn-Yusuf: Al-bahr al-muhit, Matba'at al-sa'adah, Le Caire, 1328 h, vol. 7, p. 165.

5   Ibid., vol. 7, p. 265.

6   Pacha, Hasan: Funun al-taswir al-islami fi Masr, Al-Hay'ah al-masriyyah al-'ammah lil-kitab, le Caire, 1994, p. 39.

cit 16). On estime qu'une telle interdiction est excessive parce qu'elle porterait atteinte à toute activité humaine: dessin d'une machine ou d'une maison.

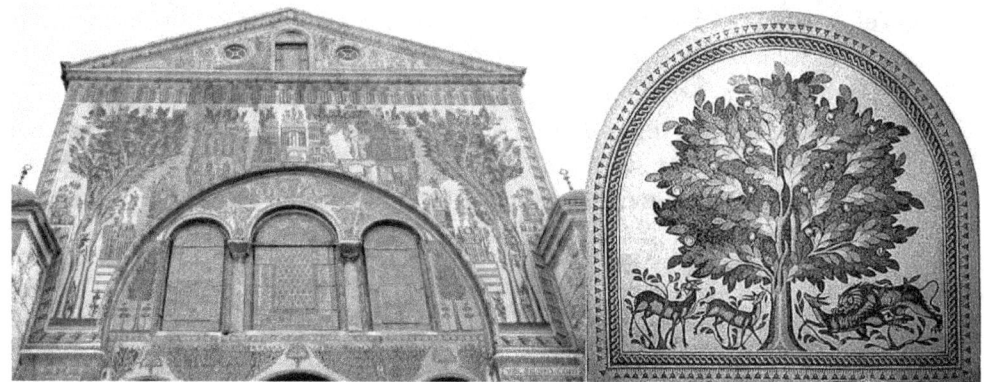

La Mosquée des Omeyyades à Damas[1]   Le Palais de Hisham à Jéricho[2]

g)   Les juristes sont unanimes pour dire que les anges n'entrent pas dans une maison comportant une figure interdite. Pour les musulmans, il existe différentes catégories d'anges. Parmi ces anges il y a Gabriel qui transmet le Coran à Mahomet, les anges de la miséricorde qui dispensent la miséricorde et la bénédiction divine, et les anges comptables qui inscrivent dans un livre les actes des humains et qui accompagnent l'homme pas à pas[3]. Les juristes estiment que les figures n'empêchent pas l'entrée des anges comptables, sans quoi on pourrait voler en présence de ces objets sans en être tenu pour responsable dans l'autre vie[4].

h)   La majorité permet les statues et les images qui servent de jouets pour les enfants. Cela découle des récits 18 et 20 relatifs aux jouets d'Ayshah que Mahomet avait épousée à l'âge de six ans. Al-Qurtubi estime que les jouets des filles servent à les entraîner à éduquer les enfants, et de plus ils ne durent pas longtemps. Il en est de même des statuettes faites de sucrerie ou de pâte qui ne durent pas. Ici ces objets ne sont pas destinés à l'adoration et donc ne contreviennent pas à l'interdiction des idoles. Mais certains juristes interdisent de tels objets estimant que les récits susmentionnés ont été abrogés. Aujourd'hui les juristes modernes étendent cette exception à toute utilisation éducative de l'image ou des statues, invoquant la règle juridique qui dit: "Les choses dépendent de l'intention"[5].

i)   Une minorité permet les statues et les images d'objet animé ou inanimé si elles ne servent pas dans le culte. Elle invoque les versets relatifs à Salomon

---

[1]   http://goo.gl/4NxbJG
[2]   http://goo.gl/96tUN5
[3]   Voir les versets 17:13; 50:18; 82:10-12.
[4]   Jabr, Dandal: Hukm al-islam fil-suwar wal-taswir, Maktabat al-manar, Zarka, 3e édition, 1986, p. 118-122.
[5]   Hasan, Yasin Muhammad: Al-islam wa-qadaya al-fan al-mu'asir, Dar al-albab, Damas et Beyrouth, 1990, p. 113-115.

(34:13) et à Jésus (3:49 5:110). Mais la majorité rejette cet argument estimant qu'il s'agit de versets relatant un prodige voulu par Dieu pour confirmer ces deux personnages dans leurs missions prophétiques. D'autres disent que les statues dont parle le verset 34:13 étaient d'objets inanimés. D'autres enfin disent que probablement les statues étaient autorisées du temps de Salomon (dans un but non cultuel), mais elles furent interdites pour les musulmans[1].

j) Les images et les statues rappelaient à Mahomet le luxe de la vie (voir le récit 7). Ici transparaît l'austérité du bédouin. Le droit musulman interdit de gaspiller, de porter des bagues ou de boire dans des vases en or. Les juristes en concluent aujourd'hui que les peintures et les statues pour lesquelles on dépense sa fortune inutilement sont à interdire en vertu du verset: "N'excédez point. Il n'aime pas les excessifs" (6:141)[2].

On constate que les juristes insistent notamment sur l'interdiction des statues et ensuite des images d'objets animés, contrairement aux objets inanimés. Les juristes modernes expliquent cela par le fait que l'artiste devient plus facilement orgueilleux avec un objet animé qu'avec un objet inanimé. Ils citent à cet égard Michel-Ange qui, après avoir sculpté Moïse, l'a frappé en disant: "Mais parle donc!". Ils ajoutent que les artistes grecs et romains ont sculpté des statues et ensuite le peuple s'est mis à les adorer comme divinités. Il faut donc fermer la porte à la tentation du paganisme[3]. Grabar estime que l'interdiction des objets animés chez les musulmans est due à la conception superstitieuse, prophylactique et apotropaïque admettant implicitement la possibilité de consubstantialité de la représentation et du représenté, et en conséquence, une substitution de l'un à l'autre. Ainsi les lions, les dragons, les chiens sont exclus du répertoire des sujets possibles de l'art, parce qu'on leur prête implicitement la faculté de quitter l'état d'image et d'agir comme des êtres vivants[4].

B) Orientation de l'art musulman

La position des juristes musulmans classiques a conduit à une orientation particulière de l'art figuratif chez les musulmans:

a) L'art figuratif n'a pas été utilisé pour la diffusion de la foi musulmane comme ce fut le cas chez les chrétiens. Ainsi il n'est pas entré dans la décoration des livres religieux, des mosquées et des tombes[5]. Plusieurs récits de

---

1   Al-Buti, Muhammad Tawfiq Ramadan: Al-taswir bayn hajat al-asr wa-dawabit al-shari'ah, Préface de Muhammad Sa'id Ramadan Al-Buti, Maktabat Al-Farabi, Damas, 2ème édition, 1996, p. 84. L'abrogation est mentionnée dans Ibn-Hayyan: Al-bahr al-muhit, op. cit., vol. 6, p. 265.

2   Al-Qaradawi: Al-halal wal-haram, op. cit., p. 98-99; Hasan, op. cit., p. 111.

3   Al-Buti, op. cit., p. 88-92.

4   Grabar, op. cit., p. 159.

5   Al-Tibi, 'Akashah Abd-al-Minan: Ibadat al-awthan: al-asnam, al-tamathil, al-taswir, al-sinama, al-television, Maktabat al-turath al-islami, le Caire, 1990, p. 236-238; Al-Qudat, Ahmad Mustafa Ali: Al-shari'ah al-islamiyyah wal-funun: al-taswir, al-musiqa, al-ghina', al-tamthil, Dar al-jil, Beyrouth, et Dar Ammar, Amman, 1988, p. 144-146.

Mahomet interdisent la décoration de ces deux lieux liés à la religion pour éviter l'idolâtrie. D'autre part, il faut éviter que ces objets distraient ceux qui prient (voir le récit 8), le Coran prescrivant une profonde piété dans la prière: "Les croyants ont réussi, ceux qui sont prostrés dans leur prière" (23:1-2)[1]. On trouve par contre des dessins dans les ouvrages scientifiques ou littéraires, notamment sous la forme de miniatures, réservées à une élite princière, loin du regard des masses. Par respect pour les règles musulmanes, les dessins d'objets animés ont été disproportionnés et les artistes ont évité les ombres et les lumières. Ceci peut être considéré comme un défaut selon les critères artistiques occidentaux, mais il s'explique par la rigueur des normes musulmanes[2]. On a évité cependant de dessiner des personnages religieux. Les rares fois qu'on rencontre l'image de Mahomet, celui-ci a le visage voilé.

b) L'art figuratif étant exclu du domaine religieux, les musulmans ont développé d'autres moyens d'expression artistiques comme la calligraphie, les arabesques et les formes géométriques.

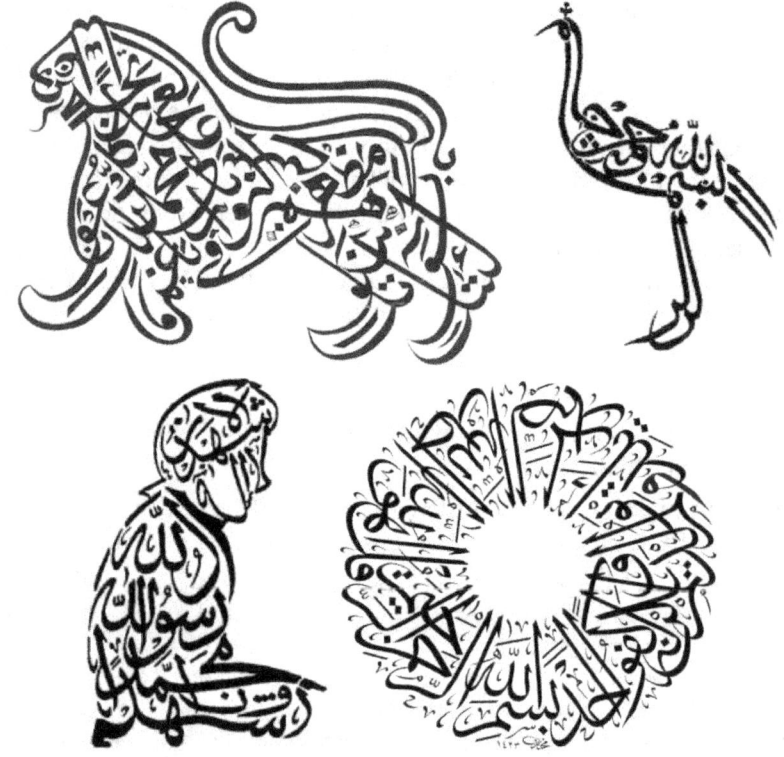

Calligraphie arabe[3]

---

1 Al-Tibi, op. cit., p. 229-235; Al-Qudat, op. cit., p. 136-144.

2 Farghali, Abu-al-Hamd Mahmud: Al-taswir al-islami, nash'atuh wa-mawqif al-islam minhu wa-usuluh wa-madarisuh, Al-dar al-masriyyah al-lubnaniyyah, le Caire et Beyrouth, 1991, p. 25-26.

3 http://goo.gl/uZjWUm, http://goo.gl/RY6kSG, https://goo.gl/, http://goo.gl/s9sDYi

c) La religion étant l'élément le plus important dans la vie des musulmans, le fait d'exclure l'art figuratif du domaine religieux a eu pour résultat que les dessinateurs ont été moins valorisés que les calligraphes par exemple. On trouve rarement des signatures de dessinateurs dans les manuscrits arabes avant le 13ème siècle[1].

C) Applications pratiques des normes musulmanes

Les interdits religieux en matière d'art figuré ont poussé les juristes musulmans à se poser foule de questions pratiques.

Ainsi il est interdit de prier avec un habit comportant une croix, sauf si elle se trouve "dans une position vile"[2]. L'ouvrage *Al-fatawa al-hindiyyah* (1664-1672) récuse le témoignage de l'homme qui porte un habit avec dessin[3]. Il considère comme répugnant de prier dans une place où l'image visible sans effort se trouve entre les mains du prieur, au-dessus de sa tête, à sa droite ou à sa gauche. Il en est autrement si l'image est trop petite, sous les pieds ou d'un objet non animé, ou si elle est décapitée. On estime que la grande image fait l'objet de dévotion et non pas la petite[4]. Peut-on prier dans une église? La réponse des juristes oscille entre la permission et l'interdiction totale, notamment en raison de la présence des statues et des images. On signale qu'Ibn-Abbas priait dans des églises sans images[5].

Al-Nawawi (décédé en 1277) interdit de mettre une effigie sur la monnaie[6]. Al-Bahuti (décédé en 1641) répugne à ce que le prieur porte une monnaie comportant une image[7]. Mais on signale que du temps de Mahomet, les monnaies byzantines et persanes comportant des effigies de rois avaient cours en Arabie[8]. Les califes ont par la suite frappé leurs propres monnaies, parfois en y gravant leur effigie ou des figures animées[9]. On estime à cet égard qu'en utilisant la monnaie comme moyen d'échange, on déprécie la représentation qui y figure, et par conséquent son caractère interdit s'estompe. On avance aussi qu'une interdiction de toute monnaie comportant une représentation risque de mettre les gens dans l'embarras. Il est permis de prier tout en ayant dans sa poche de telles monnaies, puisque Mahomet l'aurait fait[10]. Des auteurs modernes continuent cependant à interdire de mettre une figure

---

1 Ibid., p. 26-27.
2 Al-Qudat, op. cit., p. 154-157.
3 Al-fatawa al-hindiyyah (1664-1672), Dar ihya al-turath al-arabi, Beyrouth, 3e éd., 1980, vol. 3, p. 469.
4 Ibid., vol. 1, p. 107. Voir aussi Jabr, op. cit., p. 116-117; Al-Qudat, op. cit., p. 135-136; Al-Tibi, op. cit., p. 243-244.
5 Ibn-Hajar, Ahmad: Al-fatawa al-kubra al-fiqhiyyah, Dar Sadir, Beyrouth, s.d., vol. 4, p. 115; Al-Qudat, op. cit., p. 134-135.
6 Al-Nawawi: Al-minhaj, op. cit., vol. 14, p. 267.
7 Al-Bahuti, Mansur: Kashshaf al-qina an matn al-iqna, Alam al-kutub, Beyrouth, 1983, vol. 1, p. 432.
8 Hasan, op. cit., p. 115-149.
9 Voir sur les monnaies du Calife Abdel-Malik, Grabar, op. cit., p. 77-84.
10 Al-Qudat, op. cit., p. 128-131; Jabr, op. cit., p. 116-117.

animée sur la monnaie, mais ils permettent d'utiliser la monnaie étrangère si elle comporte une telle figure[1].

Le même problème se pose avec les timbres. Lorsque le gouvernement afghan avait émis un timbre représentant les statues de Bouddha, il avait dû être retiré de la circulation, car il y avait trop de musulmans que cette représentation de la forme humaine choquait[2].

Les juristes classiques se sont aussi demandé si on avait le droit d'accepter l'invitation de quelqu'un qui a des statues ou des images dans sa maison. Ils signalent que Mahomet avait refusé d'entrer dans la maison où se trouvaient de tels objets (voir le récit 17). Ils rapportent aussi qu'Omar avait décliné une invitation chez un notable de Damas du fait que la maison de son hôte comportait des statues et des images[3]. Ils estiment qu'on a le choix entre accepter l'invitation ou la refuser pour dénoncer la présence de ces objets et punir le propriétaire de la maison. Rien n'empêche cependant d'entrer dans une maison dont le tapis par terre comporte une image[4].

Tout gain réalisé en faisant ou en vendant des statues ou des images interdites est illicite. Un récit de Mahomet interdit la vente du vin, du cadavre et des idoles. L'interdiction s'étend aussi à la vente de la croix. En sont exceptés les jouets des enfants, les tapis et les coussins comportant des dessins. On peut par contre acheter et vendre de la monnaie comportant des figures[5]. On ne peut louer les services d'un peintre pour dessiner un dessin interdit, et il ne touchera pas de rémunération[6]. Celui qui détruit une statue ou une image ne répond pas du dommage artistique, mais seulement de la perte de la matière dont est faite la statue et du tissu et de la peinture servant à faire l'image. Si on vole une croix en or ou en argent ou une statue, on n'amputera pas la main du voleur parce qu'il s'agit d'objets interdits[7]. Mais si on détruit une image sur une monnaie on en est responsable parce que la monnaie est permise[8].

---

[1]   Al-Qudat, op. cit., p. 168-170.

[2]   Voir des timbres dans Centlivres, Pierre: Les Bouddhas d'Afghanistan, Éditions Favre, Lausanne, 2001, op. cit., de 1968, 1983 et 1985, p. 158.

[3]   Al-Bayhaqi: Al-sunan al-kubra, op. cit., vol. 7, p. 268.

[4]   Al-Qudat, op. cit., p. 158-167.

[5]   Ibid., p. 147-149.

[6]   Al-Ansari, Shams-al-Din Al-Ramli: Nihayat al-muhtaj fi sharh al-minhaj, Maktabat Al-Halabi, le Caire, s.d., vol. 5, p. 272; Al-Qudat, op. cit., p. 149.

[7]   Al-fatawa al-hindiyyah, op. cit., vol. 5, p. 131 et vol. 2, p. 177; Al-Kasani, Abu-Bakr Ibn-Mas'ud: Bada'i' al-sana'i' fi tartib al-shara'i', Matba'at al-imam, le Caire, s. d., vol. 9, p. 4241; Al-Mardawi, Ala-al-Din: Al-insaf fi ma'rifat al-rajih min al-khilaf, Dar ihya al-turath al-arabi, Beyrouth, 2e éd., 1986, vol. 6, p. 248.

[8]   Al-Qudat, op. cit., p. 151-154.

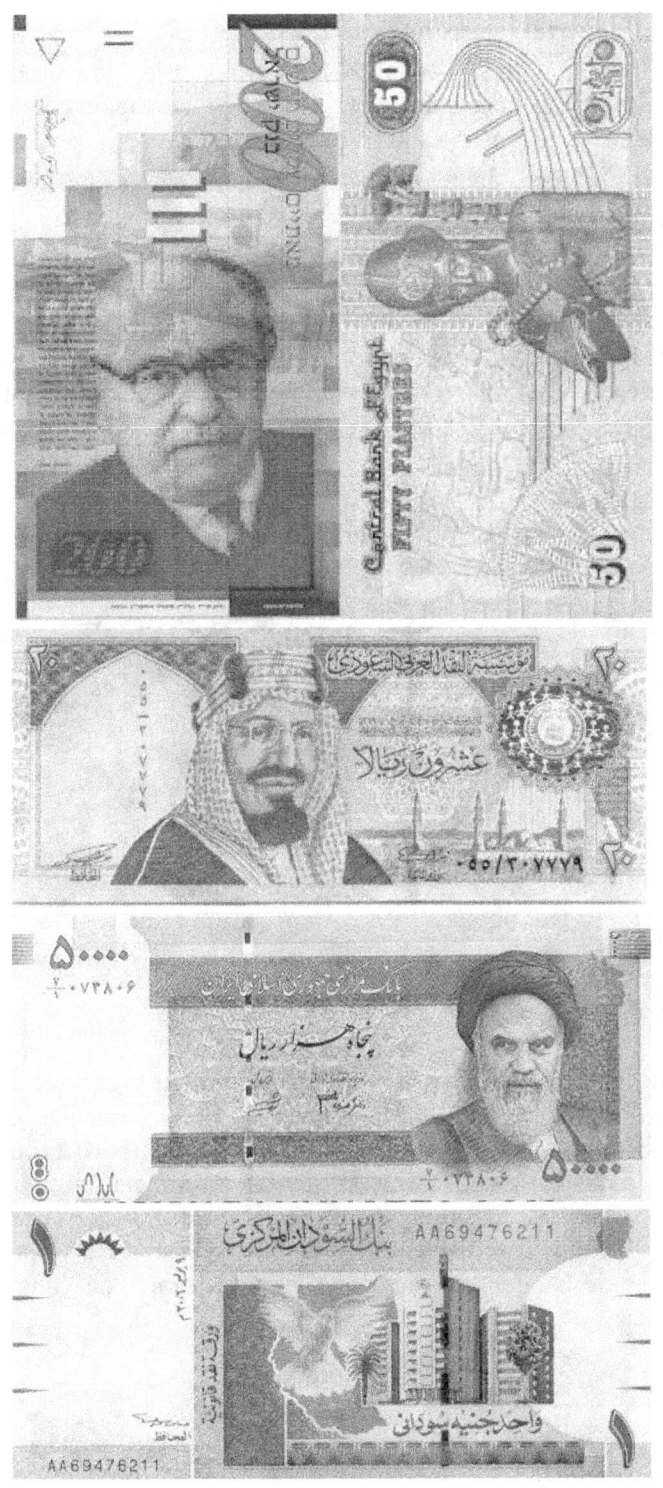

Billets bancaires israélien, égyptien, saoudien, iranien et soudanais

D) Applications contraires aux normes musulmanes

Les interdits religieux n'ont pas empêché les califes et les gouverneurs musulmans de toute époque de dresser des statues et des images dans leurs palais, de frapper de la monnaie et de porter des bagues avec des effigies.

Par ailleurs, l'art populaire dans les pays musulmans n'a pas hésité à recourir à des images pieuses. Pierre et Michèle Centlivres indiquent sur la 4e page de la couverture de leur ouvrage Imageries populaires en islam:

> Du Maroc à l'Inde musulmane et de Kaboul au Caire, malgré la prohibition, en Terre d'islam, de la représentation d'êtres animés, d'innombrables images illustrant les thèmes profanes, politiques ou religieux sont produites, imprimées et mises en vente à très bas prix pour un public populaire[1].

Ils donnent dans leur ouvrage de nombreux exemples. Mais on constate que les dessins comportant des mosquées représentent ces dernières complètement vides, sans présence humaine. Il n'est pas question de représenter Dieu, comme le fait par exemple Michel-Ange sous la forme d'un vieillard tendant la main à l'homme.

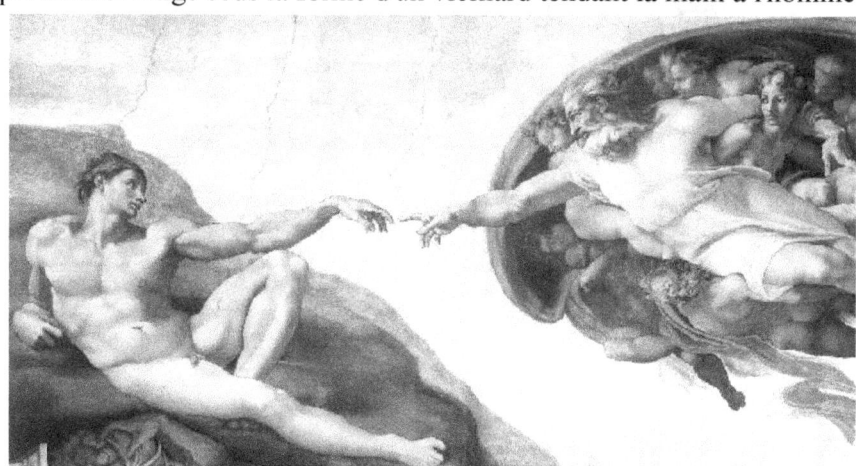

La création selon Michel-Ange[2]

Cet anthropomorphisme est interdit chez les musulmans. Dieu n'est représenté que par son nom calligraphié en arabe. Mahomet n'est évoqué que par les lettres de son nom, par sa généalogie, par des objets-symboles, tels son turban ou l'empreinte de sa sandale, par la mosquée de Médine abritant son tombeau, ou par le pigeon porteur des messages divins. Al-Buraq, monture ailée qui transporta Mahomet en une seule nuit de la Mecque à Jérusalem d'où l'archange Gabriel l'accompagna au septième ciel auprès de Dieu[3], est l'une des figures centrales de l'imagerie religieuse populaire.

---

1   Centlivres, Pierre; Centlivres-Demont, Micheline: Imageries populaires en islam, Georg, Genève, 1997.

2   http://goo.gl/0TTkN2

3   Coran chapitre 17, voyage nocturne.

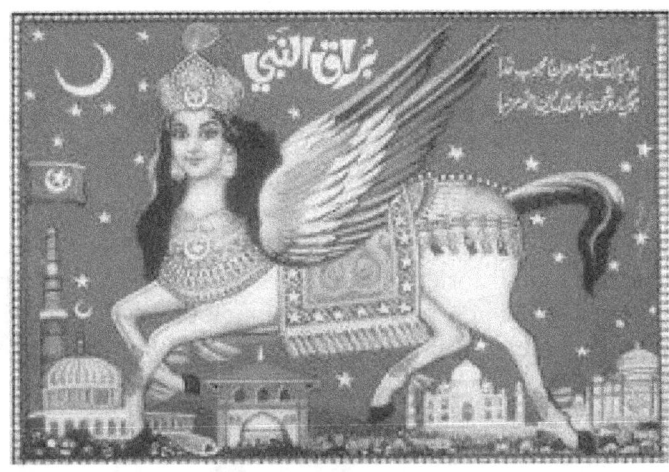

Al-Buraq[1]

Elle sert parfois d'enseigne à des agences de voyages; elle est aussi peinte au fronton des camions. On trouve des images d'Abraham sacrifiant son fils Ismaël, Adam et Ève mangeant de l'arbre interdit, l'arche de Noé avec les animaux, ou encore Abraham dans la fournaise pour avoir détruit les idoles du temple, mais sauvé par Dieu grâce à une source d'eau fraîche.

Contrairement aux sunnites, les chiites font des images de leurs personnages religieux: Mahomet, Fatima, Ali, ses deux fils et leurs leaders religieux. Ces images sont vendues dans les lieux de pèlerinage; on les voit par exemple dans les cafés chiites en Irak comme en Iran. J'ai pu aussi constater que des chiites se rendent en grand nombre sur la montagne de Harissa au-dessus de Beyrouth pour honorer la Sainte Vierge. Ils n'hésitent pas à embrasser sa statue en murmurant des prières.

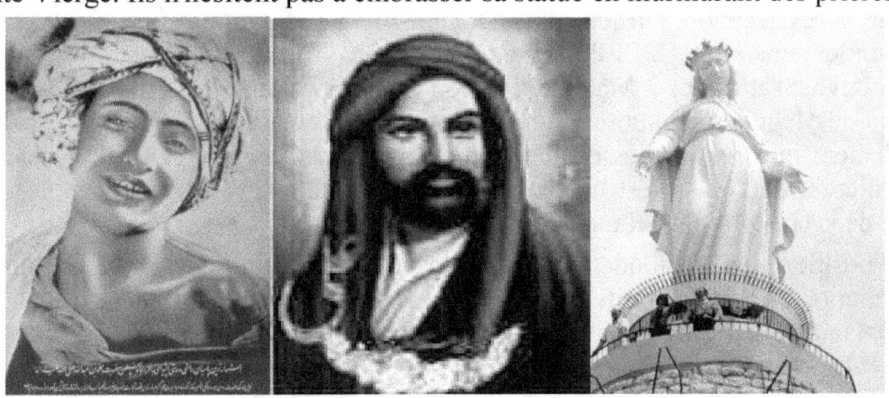

Mahomet[2]   L'Imam Ali[3]   Vierge Marie de Hairssa[4]

---

[1]   http://goo.gl/aEizZ6
[2]   http://goo.gl/msKunh
[3]   http://goo.gl/EV2K2o
[4]   http://goo.gl/FgLf00

5) L'art figuratif musulman aujourd'hui

A) Tendance à renverser les normes musulmanes

Nous avons vu plus haut que seule une minorité des juristes classiques permet les statues et les images pour autant qu'elles ne servent pas d'objets de culte. Cette tendance est en passe de devenir la position majoritaire dans les sociétés musulmanes, comme on le constate à la vue des portraits et des statues des dirigeants et des héros exposés partout, sur les carrefours, dans les bureaux, les maisons privées et les livres scolaires. Les historiens musulmans de l'art tentent d'expliquer l'interdiction des statues et des images du temps de Mahomet par la volonté de ce dernier de mettre fin au paganisme et d'inciter ses adeptes à la sobriété (voir le récit 7) ainsi qu'à se consacrer au devoir de diffuser la religion musulmane. Étant donné qu'aujourd'hui le paganisme a cessé d'exister, ils estiment que l'interdiction de l'art figuré n'a plus de raison d'être. Ils invoquent aussi le verset 34:13 relatif à Salomon cité plus haut. Pacha écrit à cet égard:

> Nous pouvons dire avec sérénité que l'islam a permis l'image pour autant qu'elle soit éloignée du paganisme, qu'elle ne concurrence pas le Créateur, et qu'elle n'empêche pas la nation de faire son devoir et d'assumer sa responsabilité[1].

Wafa' Ibrahim dit qu'une fois l'objectif de supprimer le paganisme atteint, l'interdiction de l'art figuratif disparaît, car l'interdiction ne peut exister sans raison. En cela l'interdiction de l'art figuratif en droit musulman diffère de l'interdiction des vols ou des meurtres, une telle interdiction étant perpétuelle parce qu'il y aura toujours du vol et du meurtre. Le Coran lui-même ne comporte pas d'interdiction de l'art figuratif parce qu'il est fait pour tout temps et tout lieu[2]. Wafa' Ibrahim met d'ailleurs en doute l'authenticité du récit. "Ceux qui font ces images seront punis le jour de la résurrection. On leur dira: Donnez vie à ce que vous avez créé" (voir le texte entier sous récit 12). Elle estime que ce récit est trop défectueux et illogique pour pouvoir l'attribuer à Mahomet, connu pour son éloquence. Elle ajoute que la maison de Mahomet comportait des images d'êtres humains et d'animaux; il voulait simplement que ces images ne le distraient pas dans ses prières. Elle estime que l'interdiction de l'image est un thermomètre pour connaître les périodes de décadence dans l'histoire musulmane[3].

Cette position, qui se fonde sur une interprétation historique et téléologique de l'interdiction de l'art figuratif, fut défendue par Muhammad Rashid Rida (décédé en 1935), lequel a permis les statues estimant que l'interdiction ne porte que sur l'idolâtrie et l'adoration[4].

---

[1]   Pacha, op. cit., p. 12-13.

[2]   Ibrahim, Wafa': Falsafat fan al-taswir al-islami, Al-Hay'ah al-masriyyah al-'ammah lil-kitab, le Caire, 1996, p. 18-20.

[3]   Ibid., p. 21-22.

[4]   Rida, Muhammad Rashid: Fatawa, Dar al-kitab al-jadid, Beyrouth, 1970, vol. 3, p. 106; Al-Qudat, op. cit., p. 84.

B) Position ferme des juristes sunnites modernes

Les juristes sunnites modernes restent fermement opposés aux pratiques des califes et des dirigeants actuels, aux représentations populaires et à l'attitude chiite. Ils estiment que les musulmans doivent prendre modèle sur le seul Mahomet. Ils citent à cet égard le Coran qui dit: "Vous avez dans l'envoyé de Dieu un bon modèle, pour quiconque espère Dieu et le jour dernier et se rappelle beaucoup Dieu" (33:21)[1].

Selon ces juristes, les normes restent valides même si elles sont violées, et elles doivent être respectées sans scruter les raisons qui se cachent derrière elles. On ne peut faillir au devoir d'obéissance qu'en cas de nécessité. Par conséquent, on ne peut dire que toute image ou toute statue qui ne fait pas l'objet d'adoration est permise. On ne saurait non plus dire que le paganisme n'a plus cours dans les pays musulmans, et par conséquent il n'y a aucun risque que les musulmans se mettent à adorer des statues ou des images. Les juristes musulmans disent à cet égard qu'on ne peut exclure une telle éventualité si on sait qu'on continue même dans notre siècle à adorer des vaches en Inde et des statues et des images en Occident. Il faut barrer le chemin à tout ce qui risque de conduire à l'erreur (*sad al-dhara'i*)[2].

Critiquant les chrétiens, Abd-al-Khaliq écrit que ceux-ci ont transformé leur religion monothéiste transmise par Jésus en une adoration d'idoles, remplaçant les statues des divinités grecques et romaines par celles de Jésus, de sa mère et de ses disciples. De ce fait, ils sont des mécréants et les pires de la terre le jour de la résurrection comme le dit un récit à propos d'une église en Éthiopie. Malgré leur progrès dans les sciences matérielles et l'étendue de leur civilisation et de leur connaissance, ils restent en matière dogmatique de pauvres ignorants. Les communistes ont fait de même en adorant les statues de Marx et de Lénine, remplaçant une idolâtrie par une autre[3].

Partant de ce raisonnement, les juristes musulmans modernes interdisent les statues et les images des chefs d'État, d'un héros national, d'un scientifique, d'un artiste, d'un proche parent ou d'un bien-aimé, que ce soit dans un lieu public ou dans la maison. Il est aussi interdit de dresser un monument du soldat inconnu, même si la statue est d'un lion symbolisant la force. L'interdiction est encore plus sévère lorsque le personnage représenté est un dirigeant qui n'applique pas la loi de Dieu, un mécréant (non musulman) ou un pervers. La présence de telles statues et de telles images empêche l'entrée des anges de la miséricorde et de la bénédiction[4]. Ahmad Shakir dénonce le fait que l'État égyptien prétendument musulman ait rempli le pays de statues de héros nationaux et ait créé "un institut pour les beaux-arts, un

---

1   Hasan, op. cit., p. 112-113.

2   Al-Sabuni, Muhammad Ali: Rawa'i' al-bayan tafsir ayat al-ahkam min al-Qur'an, Manahil al-'irfan, Beyrouth et Maktabat Al-Ghazali, Damas, 3e édition, 1981, vol. II, p. 422.

3   Abd-al-Khaliq, Abd-al-Rahman: Ahkam al-taswir fil-shari'ah al-islamiyyah, 2ème édition, 1415 h, sur Internet: http://goo.gl/dl3lsB.

4   Al-Qudat, op. cit., p. 116-121.

institut pour la débauche complète, dans lequel étudient des garçons et des filles débridés qui se mettent nus sous prétexte qu'ils font de l'art"[1].

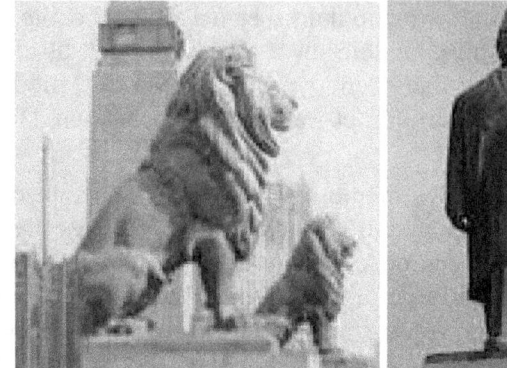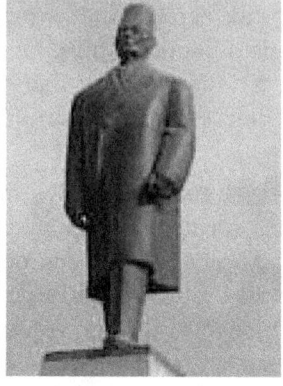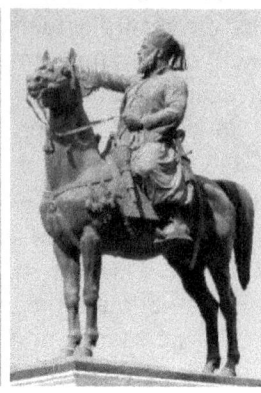

Lions[2], Saad Zaghloul[3] et Ibrahim Pacha[4] au Caire

Ainsi les juristes musulmans sont passés de l'interdiction de l'idolâtrie qui est à la base de la norme musulmane, à l'interdiction du culte de la personnalité et de la glorification des individus. Ces juristes vont encore plus loin en interdisant les figures animées sur les enseignes officiels comme par exemple l'aigle à une ou à deux têtes qui figure sur les écussons de pays arabes.

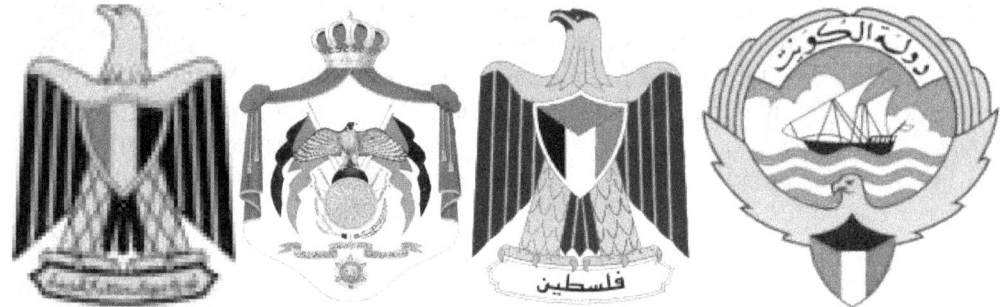

Emblèmes de l'Egypte, de la Jordanie, de la Palestine et du Kuwait

La Commission koweitienne de fatwa interdit même des boîtes en bois pour les mouchoirs qui comportent la gravure d'un oiseau, à moins qu'on coupe la tête de ce dernier[5].

La Commission de fatwa saoudienne a émis plusieurs fatwas contre l'art figuré portant sur des êtres animés. Ainsi, répondant à un étudiant qui s'intéressait à sculpter et à dessiner, elle l'informe que cela est strictement interdit (fatwa 8041). Dans une autre fatwa, elle dit que cette interdiction s'applique en tout temps; elle vise

---

[1]   Commentaire d'Ahmad Shakir sur le récit 7166 de Musnad Ibn-Hanbal, cité par Al-Sabuni, op. cit., vol. II, p. 418.

[2]   http://goo.gl/nMcJ0S

[3]   http://goo.gl/s8t3H6

[4]   http://goo.gl/49DldO

[5]   http://goo.gl/DPzG2W

toute statue que ce soit pour commémorer un roi, un général, le soldat inconnu ou un homme pieux, ou pour représenter l'intelligence et la force comme le Sphinx (fatwa 5068). Dans une troisième, elle dit à un jeune égyptien travaillant dans le dessin de figures pharaoniques sur papyrus qu'il devrait cesser de le faire (fatwa 6435)[1].

Répondant à une question relative à la création de musées, le cheikh égyptien Jad-al-Haq, moins strict, dit dans une fatwa du 11 mai 1980 que les statues, les gravures et les dessins des peuples anciens, tant qu'ils ne servent pas à l'adoration et à la glorification, ne sont pas interdits. Ils doivent même être sauvegardés en raison de leur importance pour connaître l'histoire. Il cite à cet égard des versets du Coran qui incitent à observer l'histoire des nations précédentes, dont: "Ne se sont-ils pas mus sur la terre pour regarder comment fut la fin de ceux d'avant eux? Ceux-là étaient plus forts qu'eux en puissance et avaient labouré et entretenu la terre beaucoup plus qu'ils ne l'ont entretenue eux-mêmes. Leurs envoyés sont venus à eux avec les preuves" (30:9). On est ainsi en face de l'application de la norme sur la nécessité: "Il vous a exposé ce qu'il vous a interdit, à moins que vous n'y soyez forcés" (6:119). Il est par contre interdit d'installer des statues dans les mosquées ou autour d'elles, de prier dans un musée comportant des statues, ou de dresser des statues pour glorifier les personnes qu'elles représentent[2]. Une fatwa d'Al-Qaradawi interdit d'avoir des statues des anciens égyptiens dans les maisons, ne fut-ce que pour le décor. Et si ces statues sont utilisées comme amulettes, l'interdiction est encore plus rigoureuse[3].

Les autorités religieuses musulmanes sunnites s'opposent fermement à toute représentation des prophètes et des compagnons de Mahomet. Ainsi l'Académie saoudienne de droit musulman a considéré comme illicite un petit ouvrage que le gouvernement du Qatar lui avait soumis dans lequel figurait l'image du prophète Mahomet et de Ali[4]. L'Indonésie, sur décision de ses autorités religieuses, a interdit la distribution d'un numéro de la revue Newsweek parce qu'elle comportait une image de Mahomet[5]. Un ministère koweitien a demandé à la Commission de fatwa ce qu'elle pensait de la vente de tapis comportant des images du Christ et d'objets en or, en bois ou en nacre représentant la croix ou le Christ. La Commission a répondu qu'il est interdit de les importer, de les exposer ou de les posséder parce que ces objets se rapportent à un culte devenu caduc par l'islam, portent atteinte à la dignité des prophètes, et constituent une propagande de fausses doctrines puisque le Coran affirme que le Christ n'a pas été crucifié[6].

---

[1]   http://goo.gl/QhqffS
[2]   http://goo.gl/9edEFR
[3]   http://goo.gl/6t1UU3
[4]   http://goo.gl/iThfvv
[5]   http://goo.gl/FAhZ58
[6]   http://goo.gl/qnMspV

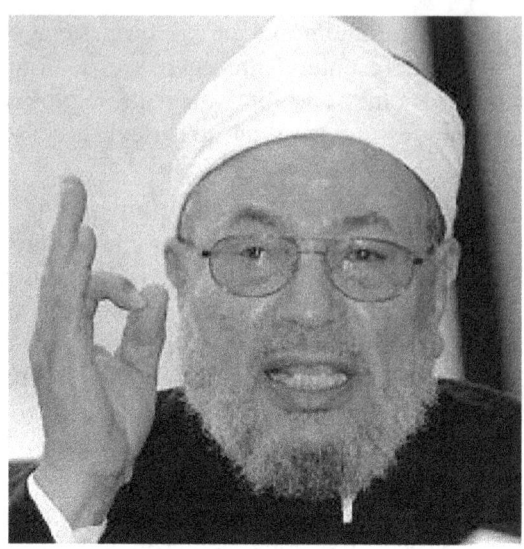

Al-Qaradawi[1]

Al-Qaradawi, cité plus haut, auteur prolifique et fort estimé dans le monde musulman, résume comme suit la position à adopter face aux statues et aux images:

1. Les figures les plus strictement interdites sont celles qui sont faites pour être adorées en lieu et place de Dieu. Celui qui les fait intentionnellement dans ce but devient mécréant. Les plus détestables parmi ces figures sont les statues. N'importe qui prend part dans leur propagation ou leur glorification commet un péché proportionné à sa participation.

2. Viennent ensuite en gravité les figures qui ne sont pas faites pour être adorées mais dans l'intention d'imiter la création d'Allah. Si l'artiste prétend qu'il crée comme fait Allah, il est incrédule. Ceci dépend uniquement de l'intention de l'artiste.

3. Viennent ensuite les statues élevées dans les places publiques pour commémorer de grandes personnalités telles que les rois, les chefs et les personnes célèbres; cela s'applique aux statues entières et aux bustes.

4. Viennent ensuite les statues d'êtres vivants qui ne sont ni adorées ni révérées. Il y a accord général sur le fait qu'elles sont illicites, exceptées celles qui ne sont pas traitées avec respect telles que les poupées avec lesquelles les enfants jouent ou les figures en chocolat ou sucre qui sont mangées.

5. Viennent ensuite les portraits de grands personnages tels que les souverains et les chefs politiques, surtout quand ils sont affichés ou accrochés aux murs. Sont fortement interdits les portraits de tyrans, d'athées et d'individus immoraux parce que le respect qui leur est accordé abaisse l'islam.

6. Viennent ensuite les images de gens ou d'animaux auxquels on n'accorde pas de respect mais qui constituent une manifestions de luxe et de vie raffinée,

---

[1]   http://goo.gl/mncdLC

comme, par exemple, quand ils couvrent un mur ou quelque chose de similaire. Ces images sont classées comme détestables seulement.

5.   Il est licite de faire et d'acquérir des dessins et des tableaux d'arbres, de lacs, de bateaux, de montagnes ou de paysages de quelque chose similaire. Cependant, s'ils distraient de l'adoration ou mènent vers une vie extravagante, ils sont désapprouvés.

6.   Les photographies sont en principe admises. Elles deviennent illicites seulement quand leur sujet est illicite, comme, par exemple, dans le cas d'idoles, d'individus révérés à cause de leur situation religieuse ou mondaine, surtout lorsqu'ils sont mécréants ou dépravés comme les idolâtres, les communistes et les artistes immoraux.

7.   Finalement, si les statues et les images interdites sont défigurées ou dégradées, leur usage devient admissible. Tel est le cas des images sur des tapis qu'on piétine[1].

C) Destruction des statues de Bouddha

Le régime communiste d'Afghanistan avait proposé à l'UNESCO les statues géantes de Bouddha de Bamiyan en 1982 comme faisant partie du patrimoine mondial. En juillet 1999, un décret des Talibans disait:

> Les célèbres statues bouddhiques de Bamiyan datent d'une période antérieure à l'arrivée de l'islam en Afghanistan, et sont parmi les plus imposantes de leur genre, que ce soit en Afghanistan ou dans le monde. En Afghanistan il n'y a pas de pratiquants bouddhistes pour honorer ces statues. Depuis l'arrivée de l'islam en Afghanistan et jusqu'à maintenant, ces statues n'ont subi aucune dégradation. Le gouvernement considère ces statues avec grand respect et envisage de les protéger comme cela a été fait par le passé. De plus, le gouvernement voit dans ces statues un exemple de revenus potentiels importants pour l'Afghanistan par leur attrait sur les touristes internationaux. En outre, les communautés bouddhistes internationales ont récemment fait savoir que si les statues de Bamiyan étaient endommagées, les mosquées de leur région le seraient en retour. Les musulmans du monde sont attentifs à cette déclaration. Le gouvernement Taliban affirme que Bamiyan ne sera pas détruit mais au contraire protégé[2].

Deux ans après, la position des Taliban a complètement changé. Le 26 février 2001, le mollah Mohammad Omar, dont on n'a aucune photo, a rendu le décret suivant:

> Sur la base de consultations juridiques menées par l'émir[3] de l'Émirat islamique d'Afghanistan et d'un arrêt de la Cour suprême afghane, toutes les statues situées dans les différentes régions du pays doivent être détruites.

---

1   Al-Qaradawi: Al-halal wal-haram, op. cit., p. 114-115.
2   Les nouvelles d'Afghanistan, 2001, p. 6.
3   Le chef suprême des Taliban, le mollah Mohammad Omar.

Ces statues ont été utilisées auparavant comme des idoles et des divinités par les incroyants qui leur rendaient un culte.

Aujourd'hui, ces statues sont respectées et peuvent redevenir des idoles dans l'avenir alors que seul Dieu, le tout puissant, doit être vénéré et toutes les fausses divinités doivent être annihilées.

En conséquence, l'Émirat islamique d'Afghanistan a chargé le ministère pour la promotion de la vertu et de la lutte contre le vice et le ministère de l'information et de la culture d'appliquer la décision des religieux et de la Cour suprême, et de détruire toutes les statues, de façon à ce qu'à l'avenir personne ne leur rende de culte ni ne les respecte[1].

Le 14 mars 2001, les Talibans ont annoncé la destruction complète des Bouddhas de Bamiyan et des statues du musée national, ainsi que celles des musées et sites d'autres villes d'Afghanistan. Le 16 mars, le mollah Omar a ordonné le sacrifice de cent vaches dont la viande doit être distribuée aux pauvres, afin d'expier le retard apporté par les musulmans à l'anéantissement des Bouddhas. Le 22 mars 2001, les Talibans ont ouvert le musée de Kaboul aux journalistes. Ces derniers ont vu un bâtiment débarrassé de tout ce qui représentait un être vivant, y compris les oiseaux d'une frise décorative qui avaient été privés de leur tête. Les collections abritées dans les locaux du Ministère de l'information et de la culture et autres bâtiments gouvernementaux avaient également été épurées de leurs représentations humaines par les Talibans[2].

La destruction des statues de Bouddhas est qualifiée par Centlivres de terrorisme culturel[3]. Quant à Koïchiro Matsuura, directeur général de l'UNESCO, il a déclaré dans un article paru dans le Monde le 16 mars 2001:

… il faut qualifier de crime l'acte fou perpétré par les Talibans, à Bamiyan ou dans les musées d'Afghanistan, contre des statues préislamiques. Une telle régression culturelle ne doit pas être permise. Ce crime appelle un nouveau type de sanctions. Il y a quelques jours à peine, le Tribunal pénal international pour l'ex-Yougoslavie nous a montré l'exemple en faisant figurer la destruction de monuments historiques parmi les seize chefs d'accusation retenus dans son action concernant l'attaque de 1991 contre le port historique de Dubrovnik, en Croatie.

On peut interpréter le revirement des Talibans de différentes manières. Certains estiment qu'il serait dû à leur indignation et colère devant les protestations de l'Occident et son souci exclusif pour des idoles, contrastant avec son insensibilité face aux malheurs de l'Afghanistan. D'autres mettent en avant la volonté de détruire des monuments symbolisant le pays des Hazaras, l'iconoclasme poussé à l'extrême, une réaction suscitée par le refus de reconnaissance du régime des Talibans de la part de la communauté internationale, le camouflage du pillage des antiquités du musée

---

[1]   Texte repris de: http://goo.gl/O8gJlB
[2]   Centlivres: Les Bouddhas, op. cit., p. 81.
[3]   Ibid., p. 8.

national et des sites archéologiques effectué par les différentes factions afghanes. Sans vouloir écarter ces explications, Centlivres écrit:

En bonne méthode il faut prendre le Mullah au mot et son décret au sérieux. Ce dernier contient une affirmation forte du caractère irrévocable de la loi religieuse telle qu'elle ressort de l'avis des oulémas de Kandahar selon une interprétation très fondamentaliste du Coran et de la charia. Les hautes personnalités religieuses, politiques et culturelles accourues à Kaboul au secours du patrimoine afghan ont reçu un accueil poli mais inflexible. Les Talibans ont poussé très loin les frontières au-delà desquelles la représentation des êtres animés est une atteinte au privilège de Dieu, le seul créateur. Pour eux, toute représentation de l'être, même déformé, même explicitement non réaliste, est suspecte d'idolâtrie, ou d'être un produit de l'orgueil illégitime de l'artiste. Par ailleurs, les Talibans bannissent de l'Afghanistan jeux, danse et musique, c'est-à-dire ce que Pascal appelle, au sens fort, le divertissement. Ils nient la légitimité de cette zone incertaine, temporelle, qui, n'appartenant directement ni à Dieu ni aux nécessités naturelles, distrait l'homme de la pensée de Dieu. Ils condamnent tout ce par quoi peuvent entrer les pensées coupables, l'émotion susceptible de dominer l'homme en annihilant sa raison et sa gravité, l'arrachant à la voie juste[1].

Centlivres termine son ouvrage sur la destruction des statues de Bouddha par ceci:

En détruisant les Bouddhas, les Talibans s'opposent à tout ancrage nationaliste, historique, humaniste ou spirituel dans son passé préislamique. Les militants hazaras du Parti de l'Unité dont les leaders ont cru reconnaître dans les statues de Bamiyan les représentations archétypiques de leur peuple, les nationalistes qui pensent que l'Afghanistan (Aryana) est le berceau des Aryens, ou, au-delà de l'Afghanistan, les tenants du bouddhisme vécu non comme une religion au sens étroit du terme mais comme un courant spirituel auquel se rattachent une esthétique et une sagesse, et tous ceux qui en Afghanistan même pensent que leur pays est à l'origine de la diffusion de formes d'art nouvelles, se voient privés par l'idéologie des Talibans de leur légitimité et de leur héritage. A ces conceptions, les Talibans en opposent une radicalement antagoniste, celle d'un patrimoine fondé exclusivement sur l'interprétation étroite du Coran et de la charia[2].

Le Professeur Centlivres affirme dans ces deux citations que le geste des Taliban correspond à une interprétation "très fondamentaliste" et "étroite" du Coran et de la charia". Mais à la lumière de ce que nous avons vu plus haut, il faudrait reconnaître que leur geste correspond à l'opinion unanime des juristes musulmans classiques.

Centlivres fait remarquer que "les hautes personnalités religieuses, politiques et culturelles accourues à Kaboul au secours du patrimoine afghan ont reçu un accueil poli mais inflexible". En effet, face au tollé général provoqué par la décision des Talibans, décision qui allait provoquer la colère des bouddhistes de par le monde

---

1   Ibid., p. 139-140.
2   Ibid., p. 164.

menaçant de détruire les mosquées, et offrait une mauvaise image de l'islam, une délégation de l'Organisation de la conférence islamique, dont faisaient partie le Mufti d'Égypte Nassir Fayid Wassil et le Cheikh Youssef Al-Qaradawi, a essayé de les dissuader de cette destruction. Le Mufti d'Égypte a déclaré que le maintien de ces statues n'est pas illicite, surtout qu'elles ont été faites avant l'entrée de l'islam en Afghanistan et n'ont pas influencé la foi des Afghans; elles ne constituent qu'une étape de l'histoire de ce pays et des traces du passé dont les musulmans tirent des leçons à propos des nations qui les ont précédés, ajoutant que ces statues peuvent profiter au pays sur le plan touristique. Une position similaire a été exprimée par le cheikh de l'Azhar Muhammad Sayyid Tantawi et par le Cheikh Youssef Al-Qaradawi. Le secrétaire général de l'organisme égyptien des antiquités a même proposé de transférer ces statues en Égypte et de leur faire un musée approprié[1]. Mais des opinions contraires ont été émises par des musulmans approuvant le geste des Talibans, estimant qu'il est en conformité avec les normes islamiques[2].

6) Inventions modernes: Photographie, cinéma, télévision et théâtre

A part le problème des statues et des images traité par les juristes classiques, les juristes musulmans modernes se trouvent confrontés à une profusion d'images et de représentations due à la photographie, au cinéma et à la télévision, auxquels il nous faut ajouter le théâtre.

A) Débat polémique

Les auteurs musulmans estiment que chaque nation a ses propres échelles de valeur. Ainsi les intérêts bancaires sont interdits en droit musulman, mais font partie du système économique chez les autres. Les normes islamiques prescrivant la discrétion dans le regard et le voile pour la femme afin de sauvegarder la morale sont interprétées par les non musulmans comme moyen d'enfermer la femme. L'Occident fait véhiculer ses valeurs à travers ses inventions qui passent aux musulmans, créant de la sorte un conflit avec les valeurs musulmanes. Certains auteurs musulmans sont tentés de rejeter tout simplement ces inventions. Mais devant la nécessité de les utiliser, d'autres tentent de filtrer l'utilisation "illicite" qui est faite de ces inventions.

Un auteur musulman dit que les juifs ont la mainmise sur le théâtre, les lieux de loisir, le cinéma et la presse et cherchent au nom de l'art à "détruire toute civilisation, toute foi, tout sentiment humain, ... les valeurs morales et les sentiments humains envers sa partie et envers ses causes humaines et religieuses"[3]. Un autre auteur musulman va jusqu'à citer Les protocoles des sages de Sion (un ouvrage faussement attribué aux juifs) qui proposent d'amuser le public avec les loisirs, les jeux et l'art jusqu'à ce qu'il cesse d'utiliser son cerveau et commence à s'aligner sur la position sioniste[4]. Parlant de la télévision, un autre auteur écrit:

---

[1]   http://goo.gl/1sw9lf
[2]   http://goo.gl/M0dfx0; http://goo.gl/IxzzNG
[3]   Hasan, op. cit., p. 12-13.
[4]   Al-Qudat, op. cit., p. 26-27.

Il est probablement inutile d'insister sur la nature destructrice et hostile de la télévision dans sa forme actuelle à l'égard des valeurs islamiques et des idéaux humains suprêmes, surtout que la réalité médiatique atteste de façon absolue l'aspect négatif de cet appareil et l'étendue de ses crimes et de ses méfaits[1].

Après avoir passé en revue vingt-et-un désavantages de la télévision, cet auteur conclut que la télévision est un moyen illicite dans sa forme actuelle[2].

Les auteurs musulmans se défendent de l'accusation que le droit musulman soit opposé à la beauté et à l'art en soi. Ils citent à cet égard le Coran qui dit:

Ô fils d'Adam! Dans chaque sanctuaire prenez votre ornement. Mangez et buvez; et n'excédez pas. [Dieu] n'aime pas les excessifs. Dis: "Qui a interdit l'ornement de Dieu, qu'il a fait sortir pour ses serviteurs, ainsi que les bonnes [choses] parmi [ses] attributions?" (7:31-32).

Mais selon ces auteurs l'art doit s'imposer des limites et être au service d'une cause, et non se limiter à être un art pour l'art. L'homme doit se servir des choses de cette terre pour se préparer pour l'autre vie:

Vous préférez plutôt la vie ici-bas, alors que la [vie] dernière est meilleure et plus persistante (87:16-17).

Ces auteurs opposent à cet égard l'art occidental à l'art islamique. Ce dernier est défini comme étant:

L'expression islamique de l'existence, dans le cadre des normes islamiques, visant à atteindre un objectif conforme au droit musulman et provoquant une réaction particulière conforme à l'expression islamique du monde, de l'être humain et de la vie[3].

B) La photographie n'est pas une image

Nous avons vu que Mahomet a maudit ceux qui font des images en concurrençant l'œuvre de Dieu. Les juristes modernes estiment que cette malédiction ne concerne pas la photographie[4], celle-ci étant non pas une œuvre artistique mais le reflet d'un objet sur un support. N'importe qui peut faire une photo, y compris un enfant, en pressant sur un bouton. La photo ressemble à cet égard au reflet dans un miroir ou sur la surface de l'eau. De même qu'on ne peut pas davantage interdire le reflet sur le miroir que sur l'eau, on ne peut interdire le reflet fixé sur une pellicule ou sur un autre support.

L'utilisation du terme *surah* pour la photo, et du terme *musawwir* pour le photographe pose cependant un problème puisque ces deux termes sont utilisés par le Coran et la Sunnah pour l'image qui est interdite. Aussi, certains auteurs proposent

1   Rashid, Madun: Qadaya al-lahuw wal-tarfih bayn al-hajah al-nafsiyyah wal-dawabit al-shar'iyyah, Dar Tibah, Riyadh, 1998, p. 221-222.
2   Ibid., p. 222-244.
3   Al-Qudat, op. cit., p. 31.
4   Al-Buti, op. cit., p. 197. Voir aussi Abd-al-Khaliq: Ahkam al-taswir fil-shari'ah al-islamiyyah.

l'utilisation d'autres termes qui ne rappellent pas l'interdiction: par exemple *'aks* (reflet) pour photo, et *'akkas* (celui qui projette le reflet) pour le photographe[1]. Ces termes sont d'ailleurs utilisés dans certaines régions de l'Arabie, probablement pour résoudre le problème de l'interdiction[2].

Ce raisonnement pourrait éventuellement être étendu aux statues exécutées par ordinateurs qui, à partir de reflets, font actionner des appareils produisant la forme. Les auteurs musulmans ne s'attardent pas sur cette question, soit parce qu'ils ne connaissent pas cette technique, soit parce que les statues sont regardées en droit musulman avec plus de suspicion que les images.

Plusieurs fatwas ont été émises concernant les photographies. Ainsi, les pèlerins égyptiens se sont plaints que leurs autorités leurs demandent des photos de passeport pour se rendre en Arabie. Le Ministère de justice a consulté le cheikh Abd-al-Rahman Qarra'ah à ce sujet. Dans sa fatwa du 24 juillet 1921, Qarra'ah dit qu'il est interdit de mettre des effigies d'êtres vivants complets, qu'elles soient grandes ou petites, sur une robe, une monnaie, un dinar, une paroi ou ailleurs. Si par contre les êtres qui y figurent sont incomplets, leur manquant des organes sans lesquels ils ne peuvent pas vivre, ou si l'effigie est trop petite ne permettant pas de distinguer les organes des êtres qui y figurent, il n'est pas répugnant de les avoir. Cette réponse sibylline laisse comprendre que si les photos passeport sont partielles, elles sont permises[3].

En Septembre 2012, le Grand Mufti d'Arabie Saoudite, le cheikh Abdul Aziz bin Abdullah Al-Cheikh, a appelé à remplacer les photos personnelles des étudiantes universitaires de sexe féminin qui figurent sur leurs cartes d'identité – par leurs empreintes digitales, ce qui "serait le mieux"[4].

Dans une fatwa du 6 août 1980, Jad-al-Haq estime qu'il est permis d'accrocher des photos d'êtres humains ou d'animaux à condition qu'ils ne fassent pas l'objet de glorification ou d'adoration, et n'incitent pas à la débauche et à la violation des interdits islamiques[5].

La Commission koweitienne de fatwa permet à un père d'agrandir la photo de son fils décédé pour la mettre dans la maison, mais elle lui recommande de faire une photo portrait dans laquelle le fils ne paraît pas entier[6].

La Commission saoudienne de fatwa s'oppose à toute photo, complète ou partielle, sauf cas de nécessité comme les photos passeport ou celles faites des criminels. Ainsi elle interdit de prendre une photo souvenir d'un mariage, de la famille ou des amis. Elle dit que les photos qui se trouvent dans les journaux, les revues ou les

---

[1]   Al-Buti, op. cit., p. 177-183.
[2]   On remarquera ici que les pays musulmans ont modifié les termes relatifs aux intérêts pour contourner l'interdiction de ces derniers en droit musulman.
[3]   http://goo.gl/wBKPo9
[4]   http://goo.gl/n3Rdcl
[5]   http://goo.gl/mnqdj9
[6]   http://goo.gl/HOZCKu

livres doivent être détruites[1]. Dans une fatwa, elle dit que la femme n'a pas le droit de se laisser photographier le visage parce que son visage est *'awrah* (objet défectueux) et peut exciter les passions. Mais si elle est tenue de faire un passeport pour se rendre en pèlerinage, elle peut se faire photographier pour cause de nécessité[2].

C) Conditions pour la licéité de la photographie

Si la photographie est dissociée de l'image, elle ne reproduit pas moins un objet qui peut être utilisé de la même façon que l'image dans l'idolâtrie, la glorification ou la débauche. Il ne suffit pas à cet égard de remplacer une image par une photographie, et un terme par un autre, pour que l'interdiction tombe[3]. De ce fait, les auteurs musulmans rappellent les limites du recours à la photographie, limites dont nous parlerons dans les trois points suivants:

a) Interdiction de représenter Dieu et certains personnages

Il est interdit de dessiner Dieu ou de le représenter au cinéma, que ce soit sous forme complète ou incomplète. De même, il est interdit de faire entendre une voix insinuant qu'il s'agit de la voix de Dieu. Le Coran dit: "Il n'y a rien qui lui est semblable. Il est l'écouteur, le clairvoyant" (42:11). Par conséquent, toute image et toute représentation de Dieu sont forcément erronées et risquent de porter atteinte à la majesté divine et à la ridiculiser.

Les deux raisons susmentionnées sont invoquées pour interdire la représentation des prophètes et de certains personnages que ce soit sous forme d'image, de statue ou par le biais de personnages jouant leur rôle au cinéma, voire de faire entendre une voix qui leur serait attribuée.

En plus de l'interdiction générale de présenter un objet animé, on invoque ici la destruction par Mahomet des images d'Abraham et d'Ismaël (récit 3), et sa désapprobation des images qui se trouvaient dans l'église éthiopienne (récit 9). On craint aussi que la représentation par l'image ou la statue ne conduise à l'idolâtrie. On signale enfin que toute représentation des prophètes est forcément mensongère parce qu'elle ne correspond pas à l'original. Or, le mensonge est interdit. On invoque ici une parole de Mahomet: "Celui qui ment sur moi volontairement, qu'il occupe sa place en enfer". Ce récit s'applique à tout mensonge que ce soit en parole ou en dessin. Il est aussi interdit de représenter le mulet qui a transporté Mahomet à Jérusalem dans son voyage nocturne[4]. Mais comme signalé plus haut, le courant chiite permet la représentation de Mahomet et de tout autre personnage religieux[5].

---

[1]   http://goo.gl/rJFSId (fatwas 2151; 2296; 4636; 7903; 2922; 2961; 4679; 1452; 1377; 2742; 3208; 3703; 4885).

[2]   http://goo.gl/rJFSId (fatwa 2595).

[3]   Al-Sabuni: Rawa'i' al-bayan, vol. II, p. 416-417.

[4]   Al-Qudat, op. cit.: Al-shari'ah wal-funun, p. 109-110.

[5]   Voir sur la représentation de Mahomet chez les chiites l'article de Pierre Centlivres et Micheline Centlivres-Demont: La photographie orientaliste de Lehnert et Landrock et l'image iranienne du prophète Mahomet, études photographiques, 17 novembre 2005, pp. 4-15, http://goo.gl/t17TWL

La Commission de fatwa de l'Azhar a émis une fatwa le 3 février 1955[1] dans laquelle elle interdit toute représentation des prophètes. Elle relève avant tout qu'il est matériellement impossible de les représenter. Ainsi un film sur Adam et Ève au Paradis pose des problèmes quant à la forme à donner à Dieu ou à l'arbre dont ils ont mangé, le genre de ce dernier n'étant pas indiqué par le Coran. Et un film sur Moïse ne saurait reproduire les miracles qu'il a faits devant Pharaon. Un film sur Joseph séduit par la femme d'Al-Aziz ne saurait dire en quoi consiste cette séduction alors qu'elle n'est pas décrite par le Coran en détail.

Ensuite la Commission signale qu'il serait indécent de représenter Mahomet avec les mécréants qui l'insultaient et le traitaient de fou et de sorcier. Ceci risque de provoquer des rixes entre ceux qui respectent les prophètes et ceux qui s'en moquent, mettant en danger l'ordre public. La Commission signale que Mahomet avait interdit aux musulmans de faire de la surenchère sur sa personne par rapport aux autres prophètes pour que cela ne provoque pas des disputes entre les musulmans et les adeptes de ceux-ci. Elle relève qu'un film sur les prophètes a des conséquences néfastes:

- Il sème le doute dans les croyances des gens et détruit l'estime que ces derniers ont à l'égard de leurs modèles suprêmes.

- Il provoque des discussions et des commentaires autour de ces personnages nobles, alors qu'ils sont au-dessus de toute critique.

- Il divise la société et dresse les communautés religieuses les unes contre les autres.

- Il constitue un mensonge sur Dieu et ses messagers parce que la mise en scène ne peut jamais correspondre à la réalité. Mentir sur Dieu est un acte de mécréance. Mahomet dit: "Celui qui me voit dans le sommeil me voit réellement, parce que même le diable est incapable d'imiter mon image". Or si le diable est incapable d'imiter Mahomet, que dire des humains?

La Commission conclut qu'il faut laisser les prophètes auréolés de leur gloire et leur dignité, estimant que les metteurs en scènes peuvent exercer leur art en puisant dans le large domaine de la littérature et de l'histoire. Elle termine par le verset:

Dans leur narration, il y a une leçon pour les dotés d'intelligence. Ce n'était pas un récit fabulé, mais une confirmation de ce qui est devant lui, un exposé de toute chose, une direction et une miséricorde pour des gens qui croient (12:111)[2].

Cette interdiction de représenter certains personnages est intégrée dans le décret 220 de 1976 du ministère égyptien de l'information et de la culture. L'article 1er de ce décret dispose que le contrôle des productions artistiques vise à élever le niveau de l'art et à ce qu'il soit un moyen d'affirmer les valeurs religieuses, spirituelles et

[1]   Publiée dans Majallat al-Azhar, vol. 26, février 1955, p. 690-700. Voir aussi la fatwa de Jad-al-Haq du 17 août 1980 http://goo.gl/0x1PeQ

[2]   Al-Sulayman, Abd-Allah Ibn Abd-al-Rahman: Al-bayan al-mufid 'an hukm al-tamthil wal-anashid, Maktabat al-tarbiyah al-islamiyyah, le Caire, 1990, p. 95-101

morales de la société, de développer la culture générale et de sauvegarder les mœurs, l'ordre public et la jeunesse de la déviance. L'article 2 indique les productions interdites dans ce but dont, sous chiffre 2:

> Faire paraître l'image du prophète Mahomet, que ce soit de façon explicite ou symbolique, les images d'un des califes, des gens de la maison de Mahomet, et des dix annonciateurs du paradis[1], ou faire entendre leur voix. Il est de même interdit de faire paraître l'image de Jésus ou des prophètes en général. Il faut se référer dans cela aux autorités religieuses compétentes.

L'interdiction de représenter les prophètes est à l'origine des difficultés de Youssef Chahine lors de la production de son film L'émigré. Au début, ce film portait le titre Joseph, mettant en scène l'histoire biblique et coranique de Joseph en Égypte. Le scénario initial de ce film fut refusé par l'Azhar qui lui a fait dans sa lettre du 7 octobre 1992 les reproches suivants:

- Le scénario comporte des images de prophètes de Dieu et des frères de Joseph. Et ceci est interdit par la loi.
- Le film comporte des faits erronés contraires à ce qui est rapporté par le Coran.
- Le scénario peint Jacob et Joseph d'une façon indigne des prophètes[2].

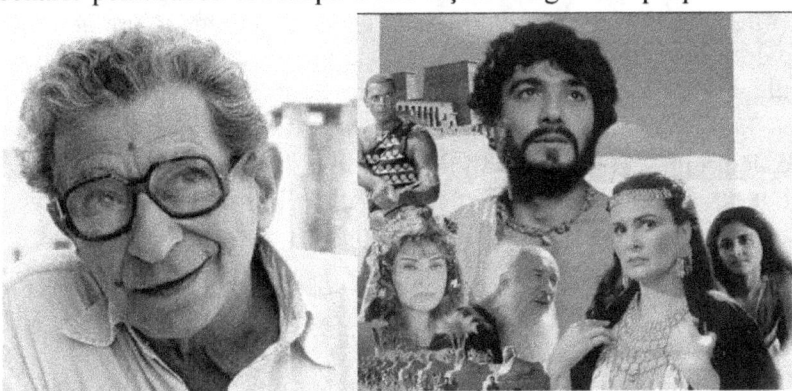

Youssef Chahine[3]   L'émigré[4]

Ce refus a été réitéré le 9 février 1993, reprochant à l'auteur du scénario de n'avoir pas tenu compte des précédentes observations, notamment d'avoir maintenu la parution du prophète Joseph, chose que l'Azhar ne permet pas, que ce soit avant ou après sa mission prophétique, et ce par respect pour le message des prophètes[5]. Youssef Chahine a essayé alors de modifier les scènes et de changer les noms des personnages. Le titre du film est devenu L'émigré, et le nom du héros du film est devenu Ram. Malgré cela, l'Azhar a maintenu son interdiction le 27 janvier et le 5

---

1   Voir sur ces dix personnages: http://goo.gl/3E3CRp
2   Texte dans Al-Sawi, Muhammad: Youssef Chahine amam al-mahakim, Maktabat al-ma'arif al-hadithah, Alexandrie, 1998, p. 156-164.
3   http://goo.gl/zABl2G
4   http://goo.gl/xzjqDy
5   Texte dans Al-Sawi, op. cit., p. 165.

février 1994, estimant que l'histoire du film ressemblait à l'histoire de Joseph, et comportait des propos et des gestes contraires à la dignité des prophètes[1]. Mais le service de contrôle des productions artistiques est passé outre cette interdiction en autorisant la production du film.

Après la sortie du film et son grand succès, un avocat a porté plainte le 5 octobre 1994 demandant l'interdiction de sa projection et de son exportation. Le plaignant justifiait sa plainte par le fait qu'il est un citoyen égyptien musulman ayant subi un grand préjudice psychique et moral à cause de ce film qui porte atteinte aux prophètes, à l'Égypte et au peuple égyptien[2]. Youssef Chahine a répondu qu'il n'a pas représenté des prophètes, mais qu'il s'est simplement inspiré de leurs histoires en tant que modèles des êtres humains. On ne peut à cet égard interdire l'inspiration[3]. Il a ajouté que le film est une autobiographie imagée (Youssef en arabe signifie Joseph). Il a émigré aux États-Unis pour y apprendre son métier avant de revenir dans son pays, comme le fait Ram qui émigre en Égypte pour apprendre la science des Égyptiens. Il accuse l'avocat de vouloir se faire un nom en s'attaquant au film[4]. Le juge des référés a cependant donné raison à l'avocat le 29 décembre 1994 et le film fut interdit de projection et d'exportation. Mais le tribunal d'appel a levé l'interdiction dans une décision du 29 mars 1995 estimant que le plaignant n'avait pas de qualité pour porter une telle plainte, n'ayant subi aucun préjudice à cause de ce film, le droit égyptien ne connaissant pas le procès par action populaire (*hisba*)[5]. Le tribunal a invoqué l'article 3 du code de procédure égyptien qui dit:

> Personne ne peut porter plainte ou formuler une opposition que s'il y a un intérêt légitime reconnu par la loi. Toutefois, il suffit l'existence d'un intérêt si le but de la demande est d'éviter un danger imminent ou de sauvegarder un droit dont la preuve risque de disparaître en cas de litige.

Craignant la multiplication des procès contre les artistes et les écrivains, le parlement égyptien a élargi cet article et l'a complété par l'article 3bis en 1996. Ces deux articles disent:

> Article 3 - Personne ne peut porter plainte ou formuler une opposition sur la base de cette loi ou de toute autre loi que s'il y a un intérêt personnel, direct et légitime reconnu par la loi.

> Toutefois, il suffit l'existence d'un intérêt probable si le but de la demande est d'éviter un danger imminent ou de sauvegarder un droit dont la preuve risque de disparaître en cas de litige.

> Si les conditions mentionnées dans les deux paragraphes précédents ne sont pas remplies, le tribunal peut décider de lui-même, dans n'importe quelle étape du procès, de rejeter la demande.

---

[1]   Texte dans Al-Sawi, op. cit., p. 170-175.

[2]   Texte dans Al-Sawi, op. cit., p. 176-204.

[3]   Interview de Youssef Chahine par Majallat adab wa-naqd, juin 1995, in Al-Sawi, op. cit., p. 205-211.

[4]   Shumayt, Walid: Youssef Chahine, Riad El-Rayyes, Beyrouth, 2001, p. 223-233.

[5]   Al-Sawi, op. cit., p. 135-139.

Article 3bis - La disposition précédente ne s'applique pas à l'égard du pouvoir du procureur général dans le cadre de la loi d'intenter une action, d'y intervenir et de faire opposition à une décision la concernant. De même, elle ne s'applique pas dans les cas où la loi permet à une personne n'ayant pas un droit d'intenter une action, de faire appel ou de se plaindre pour sauvegarder un intérêt personnel reconnu par la loi.

Il est intéressant de remarquer ici que le film de Mel Gibson La passion du Christ a été largement projeté dans les salles de cinémas dans les pays arabes, y compris en Egypte, et il peut être acquis facilement en DVD dans ces pays, alors même qu'il représente le Christ et sa crucifixion, qui est niée par le Coran (4:157). Des raisons politiques sont certainement derrière l'autorisation d'un tel film contraire au droit musulman et au droit étatique.

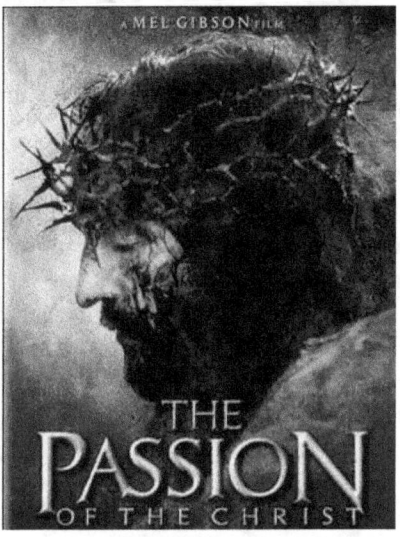

La passion du Christ[1]

La position rigoriste des pays musulmans concernant les films sur les prophètes est rejetée par le cheikh libanais Abd-Allah Al-Alayli (décédé en 1996). Il s'étonne que les autorités religieuses permettent la photographie en général et les films sur la période ultérieure à Mahomet, mais refusent de produire un film sur la période du Prophète. Il se demande:

> Est-ce que la récompense de la sainteté consiste à la cacher? Est-ce que la glorification de l'héroïsme consiste à l'effacer et à l'ignorer? Or qu'est-il plus communiquant aux cœurs: la prédication par la parole ou la prédication accompagnée par une représentation et une image? Je ne pense pas que la réponse des autorités religieuses sera idiote. Par conséquent, il y a intérêt à faire un film sur la période prophétique pour renforcer la foi[2].

---

[1] http://goo.gl/0GXwjf

[2] Al-Alayli, Abd-Allah: Ayn al-khata'? Dar al-jadid, Beyrouth, 1992?, p. 128.

Une fatwa de l'Imam chiite Abd-al-Majid Al-Khu'i va dans le même sens. À la demande de savoir s'il est possible de faire un film sur le prophète Mahomet et les imams, et la représentation de ces personnages et des prophètes précédents, il dit:

> La réponse à toutes ces questions est la même, à savoir la licéité. Rien de mal à cela si l'œuvre ne vise pas à porter atteinte à eux et ne conduit pas un jour à une telle atteinte[1].

Un film sur la vie de Mahomet produit par l'Iran, dans lequel Mahomet est représenté, a suscité des réactions de la part des Saoudiens. L'Iran avait d'ailleurs produit des films aussi sur Joseph, Jésus et Salomon. Les Saoudiens voient dans ces films un assaut lancé via les ondes satellitaires contre le monde musulman sunnite. Pour contrecarrer l'Iran, un producteur qatari projette de produire un film de Mahomet à un milliard de dollars qui ne montrera pas le Prophète, ni même ses compagnons, tout comme fut le cas du film *Le Message* tourné en 1978 avec Anthony Quinn[2]. La sortie du film iranien, produit par Majid Majidi est prévue en 2015[3]. Al-Azhar l'a dénoncé dès l'annonce de ce projet et a demandé l'interdiction des projections de ce film en Iran[4].

b) Interdiction des représentations figurées d'idolâtrie ou de glorification

Si la photo, contrairement à l'image, est permise, ce qui est interdit sous forme d'image, reste interdit sous forme de photo. On ne saurait à cet égard prendre une photo d'une statue ou d'une image pieuse pour l'accrocher au mur[5]. De même, il est interdit d'accrocher une photo d'un dirigeant politique, d'un héros national, d'un savant ou d'une star. Le Syrien Al-Buti fils dit que la photo serait ici assimilée, par analogie, à l'image si elle comporte un être animé non décapité sous forme humaine ou animale. L'ange n'entre pas une maison qui comporte une telle photo. Mais Al-Buti ne s'étend pas sur cette question très délicate, sans doute en raison du culte de la personnalité qu'on connaît en Syrie[6]. Son père est encore plus prudent, estimant qu'on ne saurait comparer la photo à l'image. Il dit que l'interdiction de l'image est liée au culte, et l'analogie n'est pas utilisable dans ce domaine[7].

La Commission saoudienne de fatwa interdit d'accrocher une effigie d'un roi, d'un savant ou d'un saint, que ce soit sous forme d'image, de photo ou de statue[8].

---

[1]   http://www.al-shia.org/html/ara/books/sirat/1/s30.html, fatwa 1203. Cet Imam fut assassiné à Najaf le 10 avril 2003, sous occupation américaine.

[2]   http://goo.gl/YoFvZT; http://goo.gl/dqBpZZ; sur le film Le Message et les techniques utilisées pour cacher Mahomet et autres personnages, voir http://goo.gl/gy3E6q

[3]   http://goo.gl/Vy76wc

[4]   http://goo.gl/5pHmwx

[5]   Al-Qaradawi: Al-halal wal-haram, p. 113.

[6]   Al-Buti, op. cit., p. 198, 223-224.

[7]   Ibid., préface, p. 10.

[8]   http://goo.gl/nMb9FQ (fatwa 3059).

c) Respect des règles de décence

Le droit musulman fixe des normes strictes en matière de décence, interdisant la mixité entre hommes et femmes n'ayant pas de lien de parenté, et fixant les parties du corps de l'homme ou de la femme qu'on a le droit d'exposer au regard d'autrui[1]. Ces normes s'appliquent aussi bien dans la vie normale que dans la représentation par l'image, la photo, à la télévision ou au cinéma[2]. On estime même qu'il est plus grave de regarder une photo que de regarder la personne représentée dans cette photo parce que la personne qui regarde la photo a moins de gêne[3]. On ne saurait ainsi jeter un regard sur une photo d'une femme montrant une partie interdite de son corps, sauf en cas de nécessité: enseignement, sécurité du pays, etc. Dans ces cas, le regard devient obligatoire.

Al-Buti permet de faire un documentaire, mais exige que le documentaire qui s'adresse aux femmes soit fait par des femmes sur des femmes, et qu'il ne soit vu que par elles. Il en est de même du documentaire qui s'adresse aux hommes. Il est par contre interdit de faire un film sur un mariage avec des femmes s'il risque d'être vu par des hommes qui n'ont pas le droit de regarder ces dernières[4].

Al-Qaradawi permet d'aller au cinéma s'il évite la débauche et l'ivrognerie, ne conteste ni les dogmes de l'islam ni sa morale, n'empêche pas d'accomplir un devoir religieux notamment les prières, et de plus n'est pas mixte[5].

Répondant le 24 mars 1979 à une demande de l'union des étudiants des beaux-arts d'Alexandrie, Jad-al-Haq dit qu'il n'est pas permis de dessiner un modèle nu d'homme ou de femme, même à des fins éducatives. Il invoque ici non pas les normes islamiques sur l'art mais celles sur la décence[6].

D) Application des normes islamiques au théâtre

Les normes susmentionnées concernant la photo, le cinéma et la télévision s'appliquent aussi au théâtre bien qu'il ne s'agisse pas de représentation figurée, mais de représentation tout court, un acteur jouant en chair et en os le rôle de quelqu'un qu'il représente[7].

Un auteur musulman explique que contrairement aux autres domaines de la connaissance grecque, les comédies grecques n'ont pas été traduites en arabe au Moyen-Âge parce qu'elles ne correspondaient pas à l'esprit arabe. De telles traductions n'ont eu lieu que lorsque les musulmans ont été occupés, et donc privés de leur liberté de choix. Et aujourd'hui l'opposition musulmane contre le théâtre ré-

---

1   Voir notamment les versets 7:26-27; 24:27 et 30-31; 33:32-33, 53 et 59.

2   Al-Buti, op. cit., p. 200-205.

3   Ibid., p. 198, 208, 219-221.

4   Ibid., p. 235.

5   Al-Qaradawi: Al-halal wal-haram, p. 296-297.

6   http://goo.gl/WS1uD2

7   Faute d'espace, nous n'avons pas analysé la position juive et chrétienne à l'égard du théâtre. Sur la position chrétienne, voir Reymond, Bernard: Le protestantisme et l'image: pour en finir avec quelques clichés, Labor et fides, Genève, 1999.

sulte "de la permissivité et de la débauche héritées de la comédie grecque par les occidentaux"[1]. Cet auteur permet le théâtre aux conditions suivantes:

1) Il ne doit pas mettre en scène des personnalités historiques ayant acquis une sainteté dans l'esprit des croyants, comme les prophètes et les premiers califes.

2) Le théâtre doit être éloigné de la débauche, de la sexualité ouverte et de la consommation de l'alcool.

3) Il ne doit pas y avoir de femmes dévoilées ou de mixité entre hommes et femmes.

4) Il doit servir l'intérêt de la religion, de la science, de la société et de l'humanité.

5) Il ne doit pas être au service d'un pouvoir étranger, de principes destructeurs ou d'une croyance mécréante.

6) Les acteurs doivent être des gens de bien conscients des problèmes de la société et servant comme modèles pour le bien de la société.

Il ajoute que ces conditions sont rarement respectées par le théâtre dans le monde arabo-musulman[2]. Un autre auteur légitime la mise en scène par les faits suivants:

- L'ange Gabriel est apparu à Marie sous forme d'homme: "Nous lui avons envoyé notre esprit, qui ressemblait pour elle à un humain redressé" (19:17).

- Les anges ont participé à deux batailles avec les musulmans sous des formes diverses[3].

- Le maître qui enseigne ses élèves comment pratiquer l'ablution, joue en fait du théâtre.

- Le prophète a envoyé aux autorités étrangères de son époque des représentants diplomatiques pour les inviter à embrasser l'islam.

Mais cet auteur ajoute que pour être licite, le théâtre doit traiter d'un sujet licite de façon licite. Ce qu'on ne peut faire normalement, on ne saurait le faire sur la scène. Ainsi on ne saurait piétiner le Coran ou commettre l'adultère sur scène, sous prétexte qu'on joue une pièce. On ne peut non plus jurer par une autre divinité que Dieu ou faire un faux serment: "Ne faites pas de Dieu un moyen pour vous détourner de vos serments" (2:224). On doit respecter les normes de la décence, éviter la mixité et le travestissement. On ne peut dresser sur scène des statues païennes ou jouer le rôle d'une divinité païenne ou Allah. On ne peut se moquer de la religion (9:65-66). Un acteur ne peut pas jouer le rôle d'un père, et un enfant le rôle d'un fils, l'adoption étant interdite en droit musulman. Il ne peut répudier sa femme sur

1   Hasan, op. cit., p. 257-265.
2   Ibid., p. 268-271.
3   Ibn-Kathir, Isma'il: Al-sirah al-nabawiyyah, Dar al-ma'rifah, Beyrouth, 1976, vol. 1, p. 633.

scène car la répudiation en plaisantant est considérée comme faite sérieusement[1]. Il est interdit de représenter les prophètes ou les compagnons de Mahomet[2].

7) Position extrême des savants saoudiens

Dans un pays comme l'Égypte, les autorités religieuses et civiles permettent de faire du cinéma et du théâtre, mais à condition de ne pas représenter des personnages déterminés, de ne pas toucher aux dogmes islamiques et de respecter les règles de la décence.

En Arabie saoudite les savants religieux adoptent en général une position nettement plus hostile au cinéma et au théâtre, même si cela a pour but de diffuser la religion islamique. Un auteur saoudien a réuni leurs fatwas dans un petit ouvrage publié au Caire. Ces savants disent que les musulmans trouvent dans leur religion de quoi se passer des pièces de théâtre créées par les mécréants pour combler un vide spirituel, et il est interdit par le Coran et la Sunnah de Mahomet de ressembler aux mécréants. Un seul verset du Coran interprété remplace toutes les pièces de théâtre[3]. L'auteur en question met 19 conditions pour que le cinéma et le théâtre soient licites. Nous les résumons dans les points suivants:

1) Ne pas représenter les prophètes ou ses compagnons.

2) Ne pas mentir, même en s'amusant.

3) Ne pas mettre en scène les rites religieux: pèlerinage, prière, etc.

4) Ne pas imiter un animal par le geste ou la voix. On se base ici sur le verset: "Sois modéré dans ta marche, et baisse ta voix. La plus répugnante des voix, c'est la voix des ânes" (31:19).

5) Ne pas faire du travestissement: un homme jouant le rôle de la femme ou l'imitant, ou le contraire.

6) Ne pas jouer le rôle d'un polythéiste comme Abu-Jahl ou Pharaon, ou représenter le diable.

7) Ne pas jouer le rôle d'un pervers qui refuse de prier, consomme de l'alcool ou fait le sorcier.

8) Ne pas jouer le rôle d'un personnage religieux pieux.

---

1   Al-Qudat, op. cit., p. 345-372.

2   Ibid., p. 379-380.

3   Le Coran dit: "Tel est, en toute droiture, mon chemin; suivez-le donc! Ne suivez pas les chemins qui vous éloigneraient du chemin de Dieu" (6:153); "Ne ressemblez pas à ceux qui oublient Dieu; Dieu fait qu'ils s'oublient eux-mêmes. Ceux-là sont les pervers" (59:19). Mahomet dit: "Celui qui ressemble à un groupe en fait partie" (Ibn-Hanbal, hadith no 5114). De nombreux autres récits de Mahomet vont dans le même sens (Voir par exemple Ibn-Hanbal, hadith no 21780 et Muslim, hadith no 2103). Certains juristes classiques vont jusqu'à prévoir la peine de mort contre ceux qui ressemblent aux mécréants et refusent de se rétracter (Voir à ce sujet Al-Luwayhiq, Jamil Habib: Al-tashabbuh al-munha anh fi al-fiqh al-islami, Dar al-Andalus, Jeddah, 1999, p. 126-127).

9)   Ne pas prononcer des mots de mécréance (à moins de spécifier qu'il s'agit d'une parole que le mécréant a dit).

10)   Ne pas insulter un musulman ou mentionner le nom de quelqu'un qui ne veut pas être mentionné, surtout s'il est absent.

11)   Ne pas inventer une histoire (à moins de dire au début: supposons que telle chose arrive…). Mahomet dit: "Malheur à celui qui raconte des histoires, mentant pour faire rire les gens. Malheur à lui. Malheur à lui".

12)   Ne pas empêcher l'accomplissement de la prière ou tout autre devoir religieux.

13)   Ne pas perdre le temps ou l'argent dans la préparation de la mise en scène.

14)   Ne pas ressembler aux gens du livre comme les juifs ou les chrétiens, que ce soit dans leurs habits ou autres.

15)   Ne pas utiliser un fer en désignant un musulman.

16)   Ne pas porter des postiches ou des perruques.

17)   Ne pas parler en mal des morts ou s'en moquer, sauf raison valable.

18)   Ne pas parler de façon impropre ou artificielle.

19)   Ne pas croire que la mise en scène est un acte religieusement méritoire, faisant partie de la religion ou permis par la religion.

L'auteur conclut que ces conditions sont impossibles à remplir, et par conséquent il est interdit de faire du théâtre ou du cinéma[1].

---

1   Al-Sulayman, op. cit., p. 107-112.

Chapitre IV.
Le printemps arabe et l'art figuratif

1) Printemps arabe et mouvements islamistes

L'année 2011 a vu plusieurs pays arabes balayés par ce qu'on est habitué à appeler le printemps arabe.

Le phénomène a commencé le 17 décembre 2010, lorsque Mohammed Bouazizi, un jeune vendeur ambulant, s'est immolé à Sidi Bouzid en Tunisie pour protester contre la saisie de sa marchandise par la police. C'était le début d'une vague de contestation et d'affrontements qui ont conduit le 14 janvier 2011 à la fuite du Président Ben Ali vers l'Arabie saoudite.

Le 25 janvier 2011, des manifestions débutent à la Place Tahrir, au Caire, qui vont se solder le 11 février par le départ du président Hosni Moubarak.

Le 15 mars 2011 a lieu un rassemblement à Damas. Le 26 avril, l'état d'urgence est déclaré et le lendemain plus de 80 manifestants sont tués. L'opposition réclame la démission du président Bachar Al-Assad, mais sans résultat et le pays plonge dans une guerre civile avec son lot de mort, de réfugiés et de destruction.

Le 15 février, des émeutes éclatent à Benghazi, suivies de manifestions à Tripoli et ailleurs. Le 19 mars débutent des frappes aériennes de la coalition. Le 23 août, les rebelles s'emparent du quartier général de Kadhafi, mort le 20 octobre 2011.

D'autres pays arabes ont connu des révoltes: l'Algérie, le Maroc, Le Yémen et le Bahreïn.

Ces révoltes ont suscité beaucoup d'espoir aussi bien dans les pays arabes qu'en Occident, mais elles ont fait le lit des mouvements intégristes musulmans qui ont pris pour cible le patrimoine culturel et religieux dans les pays arabes, sans parler des massacres, des expulsions et des destructions. Il serait trop long de faire état des dégâts irréparables causés par ces mouvements. Nous allons nous contenter ici de quelques faits et prises de positions liés au sujet de ce livre.

2) L'héritage culturel égyptien dans la ligne de mire des islamistes

Après l'abandon du pouvoir par le Président Hosni Moubarak, Omar Souleiman, le vice-président, et Mohamed Hussein Tantawi, président du Conseil militaire suprême, ont assuré l'intérim jusqu'au 30 juin 2012, date de l'investiture de Mohamed Morsi en tant que chef de l'Etat, en sa qualité de président du Parti Liberté et Justice, formation politique issue des Frères musulmans. A la suite d'un coup d'État, il a été renversé le 3 juillet 2013 par le ministre de la défense Abdel Fattah Al-Sissi, qui est devenu chef de l'Etat le 8 juin 2014. Morsi et les principaux dirigeants des Frères musulmans sont en prison et poursuivis pour différents délits, et le mouvement des Frères musulmans est déclaré organisation terroriste. Mais le mouvement salafiste, représenté par le parti Al-Nour, a pu tirer son épingle du jeu et se maintenir sur la scène politique en se ralliant à la destitution du Président Morsi. Ce mouvement était la deuxième force politique du Parlement, derrière les Frères musulmans, avec 29% des suffrages recueillis aux législatives de décembre 2011-janvier 2012.

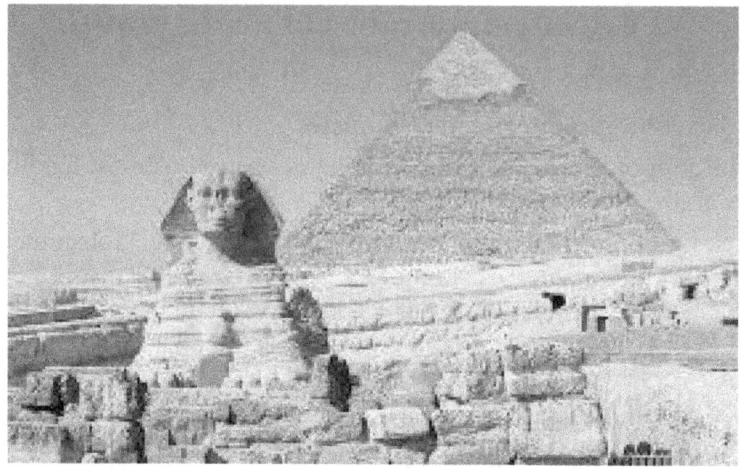

Pendant la courte période du pouvoir de Morsi, les islamistes ont multiplié les prises de position, affichant clairement leur volonté d'appliquer le droit musulman dans toute sa rigueur, dont les normes islamiques hostiles à l'art figuratif.

Le 10 novembre 2012, le cheikh Murgan Salem Al-Gohary déclarait à la télévision Dream TV: "Il incombe à tous les musulmans d'appliquer les préceptes de l'islam ordonnant la destruction de ces idoles, comme nous l'avons fait en Afghanistan, en détruisant les statues de bouddha". Deux sites en particulier sont visés: le Sphinx et la Grande Pyramide. Ces propos ont été proférés le lendemain d'une immense manifestation qui a rassemblé, au Caire, des milliers d'islamistes, dont des salafistes et des membres du *Gaama islamiya*. Leurs revendications: réclamer l'instauration en Égypte de la "charia" (loi coranique) et inviter le président Mohamed Morsi à résister à ceux qui y sont hostiles. Murgan Salem Al-Gohary a été condamné à deux reprises, dont une peine d'emprisonnement à vie, lorsque Hosni Moubarak était président. Il a ensuite fui le pays pour l'Afghanistan. En 2007, il s'est rendu au Pakistan, puis en Syrie qui, ensuite, l'a remis à l'Égypte. Après la chute de Moubarak, début 2011, il a été libéré de prison par une décision judiciaire[1]. Il est actuellement en prison.

Un prédicateur musulman très médiatisé, le cheikh Muhammad Hassan, en Egypte, a émis une fatwa autorisant toute personne qui trouve un objet dans sa terre de s'en approprier et en disposer librement en vertu du droit musulman, et aucune autorité étatique ne peut la priver de ce droit, ajoutant que si l'objet en question représente

---

[1]	http://goo.gl/QV5Wul; vidéo http://goo.gl/WURFcQ; http://goo.gl/R7qCrW; http://goo.gl/D9LAFv; http://goo.gl/f4kmGS

une figure, elle doit être effacée[1]. Il va jusqu'à demander aux commerçants musulmans de décapiter les mannequins utilisés pour exposer les vêtements dans les vitrines ou ailleurs; en les décapitant, les mannequins deviennent comme un arbre, et le dessin d'un arbre est autorisé en droit musulman. Il recourt amplement aux normes islamiques exposées au chapitre précédent[2]. Cet élément de la fatwa n'a pas suscité de réaction, contrairement à la partie relative aux vestiges et aux statues pharaoniques. Ce qui l'a obligé à nier l'avoir dit malgré la présence d'enregistrements allant dans ce sens[3], et a consacré une longue émission à tenter de se disculper[4].

Face à la réaction virulente provoquée par ces déclarations, un prêcheur salafiste, Abd al-Mun'im Al-Shahhat, a émis un avis invitant à recouvrir de cire les visages des statues[5]. Cette proposition a été soutenue par Yasser Al Borhamy, qui se considère comme l'émir des salafistes à Alexandrie. Il a publié un premier manifeste en octobre 2011[6] dans lequel il impose aux femmes le port de vêtements couvrant tout leur corps, ne laissant voir que leur visage, interdit aux hommes de se raser la barbe et exige la destruction de toutes les statues pharaoniques et des musées abritant de telles statues, la fermeture de toutes les stations de télévision à l'exception de celle consacrées au Coran et la non-diffusion de chansons ou de musique. Mais, dans une interview, tout en maintenant l'obligation de la destruction des statues, même celles qui ne font pas l'objet de dévotion, il a soutenu la proposition d'Abd al-Mun'im Al-Shahhat de recouvrir de cire les visages des statues[7]. Ce cheikh va jusqu'à interdire les images de Mickey Mouse et de Donald Duck dans les chambres des enfants parce que les anges, d'après un récit de Mahomet, n'entrent pas dans un lieu où se trouvent une image ou un chien, opinion rejetée par l'Azhar estimant que par image dans ledit récit on entend la statue, les bandes dessinées n'existant pas du temps de Mahomet[8].

Le 6 décembre 2012, Le Ministère du Waqf et des affaires islamiques du Qatar a émis la fatwa suivante, n° 193021, en réponse à la question de savoir s'il est vrai qu'il faut détruire les pyramides et le Sphinx à titre d'idoles, comme l'exige le cheikh salafiste[9]:

> Niveler les tombes saillantes et effacer les visages des statues est un devoir, comme le prévoient de nombreux textes. Il est rapporté d'après Abou Hiyadj

[1]   http://goo.gl/iAMTQJ
[2]   http://goo.gl/Xc8Ywe
[3]   http://goo.gl/cmrdJA
[4]   Voir ces cinq vidéos: http://goo.gl/juhNju, http://goo.gl/dk9CWl, http://goo.gl/08wOSg, http://goo.gl/pPgFoJ, http://goo.gl/NVFrXu
[5]   Voir à cet égard les trois vidéos: http://goo.gl/w6Q5Mp, http://goo.gl/K6B3nQ, http://goo.gl/dC9EQp
[6]   http://goo.gl/8rP2Iw
[7]   http://goo.gl/2DKcYt
[8]   http://goo.gl/dey0t0
[9]   http://goo.gl/WY1vJi

Al-Assadi que Ali ibn Talib lui dit: "Ne vais-je pas vous confier une mission identique à celle que j'avais exécutée pour le compte du messager d'Allah (bénédiction et salut soient sur lui): va détruire toute statue que tu trouveras et ramène au ras du sol toute tombe que tu découvriras surélevée." Ceci a été rapporté par Muslim. Et les textes dans ce domaine sont nombreux et bien connus. Mais cela dépend des possibilités. Si les musulmans ne peuvent pas changer une chose répugnante ou la supprimer, ils ne sont pas tenus de le faire, Dieu ne chargeant une personne qu'en fonction de ses capacités. Par la suite, si la possibilité se concrétise, il faut peser les avantages et les inconvénients. Si le désavantage à supprimer la chose répugnante est supérieur à l'avantage, il ne faut pas l'entreprendre, comme indiqué par les savants.

Ceci étant connu, il faut se référer dans de telles affaires délicates aux savants du pays concerné, parce qu'ils peuvent mieux apprécier les avantages et les inconvénients, et déterminer ce qui est possible et ce qui ne l'est pas, en tenant compte de l'attitude des savants musulmans du passé face à ces vestiges.

La presse égyptienne a relaté cette fatwa le 1er mars 2015 en indiquant que l'émir Tamim du Qatar soutient Obama dans sa lutte contre Daech alors que les sites web qataris émettent des fatwas pour la destruction des tombes et l'effacement des statues, comme l'avait fait le cheikh Murgan Salem Al-Gohary[1].

En août 2013, les islamistes se sont attaqués au musée national de Mallaoui, au sud de Minya, brûlant, détruisant et dérobant 1041 objets d'art, dont des pièces de monnaie, des bijoux et des statues datant du début de l'histoire égyptienne à l'époque islamique[2].

L'héritage culturel égyptien reste dans la ligne de mire des islamistes, y compris les islamistes non égyptiens.

On lit ainsi dans une fatwa en français portant le numéro 20894 et intitulée "La nécessité de briser les idoles, publiée dans le site du Cheikh saoudien Muhammad Salih Al-Munadjdjid[3]:

Question: Doit-on, selon l'Islam, détruire les statues, dussent-elles relever du patrimoine civilisationnel humain? Pourquoi les Compagnons s'abstinrent-ils de les détruire dans les pays conquis par eux?

Réponse: Louanges à Allah

Des arguments religieux indiquent la nécessité de détruire les idoles. En voici quelques-uns:

Muslim a rapporté d'après Abou Hiyadj Al-Assadi que Ali ibn Talib lui dit: "Ne vais-je pas vous confier une mission identique à celle que j'avais exécutée pour le compte du messager d'Allah (bénédiction et salut soient sur lui):

---

[1]   http://goo.gl/h3ow1X. Voir aussi cette vidéo http://goo.gl/jbtu3U

[2]   http://goo.gl/bkkVSt; On peut voir ici la liste en anglais des objets du musée: http://goo.gl/KR98ou

[3]   http://goo.gl/lzXCfa

va détruire toute statue que tu trouveras et ramène au ras du sol toute tombe que tu découvriras surélevée" (Muslim n° 969).

Muslim a rapporté qu'Amr ibn Absata avait dit au Prophète: "Quelle est la teneur de ton message?" "Je suis chargé d'enseigner l'entretien des liens de parenté, de détruire les idoles et de prêcher l'unicité absolue d'Allah qui n'a point d'associé" (Muslim, n°832).

Il faut surtout les détruire si on les adore en dehors d'Allah.

Al-Bukhari et Muslim ont rapporté (respectivement sous les numéros 3020 et 2476) d'après Djarir ibn Abd Allah Al-Badjali que le Messager d'Allah lui avait dit: "Ô Djarir! Ne vas-tu pas nous débarrasser de Dhal-Khalassa, un lieu de culte des khathamm dénommé la Kaaba yéménite? Djarir dit: "Je pris tout de suite le départ à la tête 150 cavaliers. Je savais mal monter à cheval et j'en fis part au Messager d'Allah. Il me tapota la poitrine et dit: mon Seigneur! Raffermis-le et fais de lui un guide bien guidé." Djarir se rendit sur les lieux et incendia l'idole. Et puis il dépêcha quelqu'un au Messager d'Allah (bénédiction et salut soient sur lui) pour lui annoncer la bonne nouvelle. L'envoyé qui portait le sobriquet d'Abou Artar se rendit auprès du Messager d'Allah (bénédiction et salut soient sur lui) et lui dit: "Nous n'avons quitté les lieux qu'après avoir rendu l'idole comme un chameau galeux". Et le Messager d'Allah de prier cinq fois pour Ahmas (la tribu du commando) et ses chevaux.

Al-Hafiz ibn Hadjar a dit: "Ce hadith indique la légalité de la destruction de tout ce qui constitue une tentation pour les gens; qu'il s'agisse d'une construction, ou d'un homme ou d'un animal ou d'un objet inanimé".

Le Messager d'Allah (bénédiction et salut soient sur lui) dépêcha Khalid ibn al-Walid à la tête d'un commando chargé de détruire Al-Uzza.

Il dépêcha encore Saad ibn Zayd al-Ashehali (P.A.a) à la tête d'un commando pour détruire Soua. Tout cela fut fait après la conquête de la Mecque. Voir Al-Bidaya wa al-Hidaya, 4/712;776;5/83. Et al-sira al-nabawiyya par le Docteur Ali Al-Silabi (2/1186).

Al-Nawawi dit dans son commentaire sur le Sahih de Muslim à propos de la fabrication des images: "Ils (ulémas) sont tous d'avis qu'il est interdit de fabriquer des objets ayant une ombre et qu'il faut les changer".

Les images ayant une ombre sont celles qui possèdent un relief comme les statues.

S'agissant de la non destruction des idoles par les Compagnons dans les pays conquis, il n'y a là que conjectures et fausses opinions. Car les compagnons du Prophète (bénédiction et salut soient sur lui) ne pouvaient pas laisser intactes des idoles qui faisaient l'objet d'un culte. Si on dit: comment les Compagnons et d'autres conquérants ont épargné les anciennes idoles des pharaons et des Phéniciens?

Nous disons qu'il y a trois cas à distinguer:

1) Le premier est celui des idoles qui se trouvent à des endroits éloignés auxquels les compagnons n'étaient pas parvenus. La conquête de l'Egypte par les Compagnons ne signifie pas qu'ils maîtrisèrent parfaitement toutes ses parties.

2) Le deuxième est que ces idoles n'étaient pas apparentes. Elles étaient à l'intérieur des maisons des Pharaons. Or, le Prophète (bénédiction et salut soient sur lui) avait enseigné à ses compagnons de dépasser rapidement les maisons des injustes et des gens châtiés. Il avait même interdit de les fréquenter. Un hadith rapporté dans les Deux Sahih dit: "N'entrez pas chez les gens châtiés à moins de pleurer (par craindre) de subir leur sort". Le Prophète (bénédiction et salut soient sur lui) disait ces propos lors de son passage au site jadis occupés par les Thamoudes, peuples de Salih (psl). Une autre version citée dans les Deux Salih dit: "Si vous ne pouvez pas pleurer, n'y entrez pas. Aussi éviterez-vous de subir leur sort"

Nous croyons que quand les Compagnons du Prophète (bénédiction et salut soient sur lui) découvraient un temple ou une maison laissée par les gens, ils n'y entraient pas et ne cherchaient pas à savoir ce qu'il y avait là-dedans. Ceci permet de savoir pourquoi les Compagnons ne s'occupèrent pas des pyramides et de leurs contenus. A cela s'ajoute qu'il est possible qu'à l'époque les accès des pyramides fussent ensevelis par le sable.

3) Le troisième est que beaucoup de ces idoles, qui sont apparents aujourd'hui, étaient jadis couvertes. Certaines ont été découvertes récemment et d'autres amenées à partir d'endroits éloignés que les Compagnons du Prophète (bénédiction et salut soient sur lui) n'avaient pas atteints.

Il a été demandé à Zarkaly si les Compagnons qui s'étaient rendus en Egypte avaient vu les pyramides. Il dit: "La plupart des pyramides étaient ensevelies par le sable. C'est surtout le cas du Sphinx" Voir Shibh Djariratoul arabe, 4/1188.

A supposer qu'il y eût une statue non couverte par le sable, il faut prouver que les Compagnons l'avaient découverte et qu'ils eussent la possibilité de la détruire.

La réalité montre que les Compagnons ne pouvaient détruire certaines de ces statues. Car, en dépit de l'usage de machines, d'appareils, d'explosives et d'autres instruments que les Compagnons ne possédaient pas, il a fallu 20 jours pour détruire certaines statues.

Cela s'atteste dans ce que rapporte Ibn-Khaldun dans son Introduction (p. 383) à savoir que le calife Al-Rashid avait décidé de détruire le château de Chosroes. Il s'était mis à l'œuvre après avoir rassemblé du monde et mobilisé des haches. Et puis il fit chauffer l'ensemble à l'aide du feu et y jeta du vinaigre. Mais il fut incapable d'atteindre son but. De même le calife Mamoun voulut détruire les pyramides et rassembla des ouvriers pour cela, mais il n'y réussit pas.

Quand à dire que ces statues font partie du patrimoine mondial, voilà des propos qui ne méritent aucune considération. Car Laat, Uzza, Houbal, Manaat et d'autres idoles constituaient un patrimoine pour les Quraychites et d'autres habitants de la péninsule arabique qui les adoraient. C'est bien un patrimoine, mais un patrimoine interdit qu'il faut éradiquer. Quand Allah et son Messager émettent un ordre, le croyant doit s'empresser à l'exécuter. On ne peut pas opposer de tels arguments fallacieux à l'ordre d'Allah et son Messager. Le Très Haut a dit: "La seule parole des croyants, quand on les appelle vers Allah et Son messager, pour que celui-ci juge parmi eux, est: "Nous avons entendu et nous avons obéi". Et voilà ceux qui réussissent" (Coran, 24; 51).

Nous demandons à Allah d'assister tous les musulmans à faire ce qu'Il aime et agrée. Allah le sait mieux.

Cette fatwa a été reproduite le 2 avril 2014 en arabe dans le forum d'information djihadiste où Daech publie ses communiqués[1], donc moins d'une année avant la destruction des statues du musée de Mossoul. Elle figure aussi sur le site du Ministère du waqf et des affaires islamiques du Qatar, avec le numéro 7458 et la date du 19 mars 2001[2]. L'auteur de cette fatwa interdit la photographie et l'acquisition de statues[3]. A la question de savoir s'il est permis de construire une statue en glace, il répond: "Si la statue en glace ne comporte pas des contours clairs représentant le visage, l'œil et la bouche et n'est qu'un corps sans contours précis comme l'épouvantail érigé par les cultivateurs pour chasser les oiseaux et comme les panneaux placés sur les routes pour signaler des travaux en cours, il ne présente aucun inconvénient. Il en va de même des jouets que les enfants fabriquent pour s'amuser car il s'agit d'objets banaux. Il est bien connu que les enfants éprouvent un besoin psychologique de se divertir et de se faire plaisir, en particulier dans les endroits où il ne neige que rarement. S'il s'agit d'une statue en glace possédant les contours clairs du visage, la majorité des ulémas prône l'interdiction de sa fabrication, compte tenu de la portée générale de l'interdiction de la fabrication des statues que nous avons abordée exhaustivement dans la réponse donnée à la question n° 146628[4]. Ceci s'applique aussi à toute statuette fabriquée à partir de pâte de farine, de bonbons et autres. Ce dernier type de statuette demeure moins grave que celles susceptibles de rester durablement. Elles sont aussi moins graves à cause de l'usage banal qu'on en fait. Il est bien connu que les interdits sont de degrés divers et que les textes religieux interdisent la fabrication de statues. Ce qui compte pour considérer une construction comme une statue, c'est la tête. Si on coupe celle-ci ou déforme le produit, il cesse d'être frappé d'interdiction. C'est dans ce sens qu'Al-Bayhaqui (14580) a rapporté qu'Ibn Abbas (P.A.a) a dit: "C'est la tête qui constitue la partie essentielle

---

[1]   http://goo.gl/da1Gp9; on peut aussi consulter un texte du saoudien Nassir Ibn-Hamad Al-Fahd allant dans ce même sens: http://goo.gl/CJdlxL, ainsi que http://goo.gl/EsqBtW

[2]   http://goo.gl/wm86Kl

[3]   http://goo.gl/TNmjJN

[4]   http://goo.gl/3Exl9G

d'une image sculptée, si on l'enlève, elle ne l'est plus". Ibn Qudamah (Puisse Allah lui accorder la miséricorde) a dit: "Une sculpture esquissée sans tête n'est pas frappée d'interdiction car elle ne représente pas le corps complet d'un animal"[1].

Au mois de mars 2015, Ibrahim Al-Kandari[2], un prédicateur koweitien, a une nouvelle fois appelé à détruire le Sphinx et les Pyramides d'Egypte, déclarant que le temps était venu pour les musulmans d'éradiquer le legs des pharaons. Il estime que même si les monuments anciens ne sont pas religieux, car ils sont plutôt des sites culturels et historiques, ils devraient être "détruits" par les musulmans pour mettre fin au culte des images. Il ajoute: "Le fait que les premiers musulmans, qui étaient les disciples du prophète Mahomet, n'aient pas détruit les monuments des pharaons en pénétrant sur le sol égyptien ne signifie pas que nous ne devons pas le faire aujourd'hui."

Ces appels à la destruction des vestiges pharaoniques et des statues ont soulevé différentes objections.

- Les vestiges pharaoniques et les statues ne font pas l'objet de dévotion et ne sauraient être assimilés à des idoles. Si Mahomet a détruit les idoles de la Mecque c'est parce qu'elles étaient adorées et associées à Dieu. Cette objection est à double tranchant parce qu'elle légitime en fait la destruction des statues et des croix des chrétiens, des statues de Bouddha et des statues des divinités hindouistes. Les fondamentalistes arguent que les normes islamiques ordonnent de bannir toute représentation figurée même si elle ne fait pas l'objet de dévotion. Ceci afin d'exclure toute possibilité de dévotion à l'avenir.

- Les compagnons de Mahomet et les musulmans n'ont pas touché aux vestiges pharaoniques et aux statues. Les fondamentalistes répliquent que les musulmans doivent se conformer non pas aux pratiques des compagnons de Mahomet et des musulmans mais aux normes divines. Ils ajoutent que les statues et le Sphinx n'ont été rendues visibles que ces derniers siècles. D'autre part, il y a eu des tentatives de détruire les pyramides du temps des premiers gouverneurs musulmans de l'Egypte, mais ils n'avaient les moyens de le faire, alors qu'aujourd'hui il est devenu possible de les détruire.

- Les vestiges pharaoniques et les statues appartiennent à l'héritage de l'humanité et sont des biens culturels protégés. De plus, ces vestiges sont des sources de revenus, par le biais du tourisme. Ce à quoi les fondamentalistes répondent avec mépris qu'ils sont tenus d'appliquer la loi de Dieu, et non pas les lois humaines. Ni la désapprobation des autres, ni l'appât du gain ne doit nous empêcher d'appliquer la loi de Dieu. L'obéissance à la loi divine est au-dessus de toute autre considération. Cette réplique des islamistes reste généralement sans réponse de la part des autorités religieuses et des milieux laïques opposés à la destruction des vestiges pharaoniques et des statues. Personne en fait ne saurait se heurter frontalement à la loi divine. Tout

---

[1]   http://goo.gl/JndNC1
[2]   http://goo.gl/EXunx9; source arabe: http://goo.gl/Jfgus1

comme personne ne saurait mettre en question la destruction des statues qui ont l'objet de dévotion, car Mahomet l'a fait.

Ajoutons ici que les positions des autorités égyptiennes en matière d'art figuratif ont été très fluctuantes. Si aujourd'hui elles s'opposent à la destruction des vestiges et des statues pharaoniques, elles n'ont jamais pris position contre la destruction des statues pouvant faire l'objet de dévotion.

En 2006, le Ministère égyptien de la culture et les artistes se sont heurtés à 'Ali Jum'ah, mufti de la république, pour une fatwa dans laquelle il interdit l'acquisition de statues pour décorer les maisons ou autres usages, considérant ce geste comme un péché. Il s'agit probablement de la Fatwa 530 datée du 2 août 2004[1]. Un homme d'affaires importe des cadres de photos comprenant des images et des statuettes en porcelaine à placer sur un bureau comme cadeau, représentant des oiseaux et des enfants. Il demande si cette activité est licite, et ce qu'il devrait faire des stocks dont il dispose. La fatwa signée par le cheikh en question interdit la création et la commercialisation de statues complètes en matière durable comme le bois, le métal ou la pierre, sauf intérêt impératif, et cite plusieurs récits de Mahomet allant dans ce sens. Sont exceptés les jouets et les objectifs didactiques, et certains juristes permettent les statuettes en pâte ou en sucrerie. L'homme d'affaires peut donc négocier avec des images ou des statues de nus, et vendre ses statuettes en partant de l'idée qu'elles ne représentent pas la création complète de Dieu. Dar al-iftaa, l'institution chargée de la fatwa, s'est emportée contre l'utilisation de cette fatwa qui date de plusieurs années (sic) et répondait à un jeune sculpteur (sic).

Le ministre de l'éducation, Farouk Hussayn, lui-même peintre, s'est dit choqué par cette fatwa. Mais celle-ci a été soutenue par le cheikh 'Ali Abu-al-Hassan, conseiller du cheikh de l'Azhar, estimant qu'une statue ressemblant à une personne ou à un animal vivant est interdite si elle est placée pour être honorée, comme la statue de Ramsès ou la statue du musicien Muhammad Abd-al-Wahhab, n'excluant de l'interdiction que les statuettes et les petites figurines qui ne reproduisent pas la forme normale de la personne ou de l'animal. Le professeur Abdel-Sabour Shahin par contre a rejeté cette fatwa, estimant que l'utilisation de statues pour la décoration des maisons est licite parce que l'époque des idoles est révolue. L'artiste Izzedine Najib a condamné cette fatwa, en rappelant la fatwa de Muhammad Abdou en 1905[2] qui avait tranché cette question en faveur des statues parce que l'époque de l'idolâtrie est révolue, ajoutant que la fatwa du cheikh 'Ali Jum'ah nous ramène à l'époque de l'obscurantisme moyenâgeux dont notre société n'a pas besoin[3]. Dans une vidéo, le cheikh 'Ali Jum'ah a essayé de faire marche arrière, allant jusqu'à justifier ce qu'ont fait les Talibans en détruisant les statues de Bouddha. Cette destruction, dit-il, n'a pas eu lieu parce qu'il s'agit d'idoles, mais pour défier les mécréants, et il maintient l'interdiction des statues qui sont adorées, comme c'est le cas

---

1   http://goo.gl/nyxVeQ; http://goo.gl/Ewzzmm

2   Voir une critique de la fatwa de Muhammad Abdou: http://goo.gl/bxNT7W, texte signé par le Dr Yahya Hisham Farghal.

3   Voir sur cette fatwa http://goo.gl/3488MP, http://goo.gl/BSHO1v

dans l'hindouisme[1]. L'académie des recherches islamiques de l'Azhar a approuvé, à la demande du Sénégal[2], la création de statues et autres objets de souvenirs pour encourager le tourisme, position critiquée par certains[3], et approuvée par d'autres[4]. Décidemment, avec les autorités religieuses musulmanes on ne sait pas sur quel pied danser. Nous reviendrons sur cette question plus bas.

Raymond Ibrahim fait remarquer qu'une grande partie de la haine des musulmans pour leur patrimoine préislamique est liée au fait que, traditionnellement, ils ne s'identifient pas à telle nation, culture ou langue, mais seulement à la Oumma, ou nation islamique. Par conséquent, même si de nombreux Égyptiens, musulmans et non musulmans, se voient d'abord et avant tout comme des Égyptiens, les islamistes n'ont pas d'identité nationale, ils s'identifient seulement à la "culture" islamique basée sur la "sunna" du prophète et à l'arabe, la langue de l'islam. Ce sentiment s'est clairement exprimé quand l'ancien leader des Frères musulmans, Mohammed Akef, a déclaré "Au diable l'Égypte", indiquant par-là que les intérêts de son pays sont subordonnés à ceux de l'islam[5].

Il nous faut ici relever d'autres faits qui illustrent la haine des islamistes envers l'art figuratif.

En novembre 2011 à Alexandrie, le parti salafiste Hizb al-nour (parti de la lumière) a couvert la fontaine de Zeus d'un voile intégral et lui a mis au cou une pancarte électorale. De plus, les salafistes y ont fixé une énorme affiche sur laquelle on peut lire: "Les femmes égyptiennes se dévouent pour leur maris et pour la nation"[6].

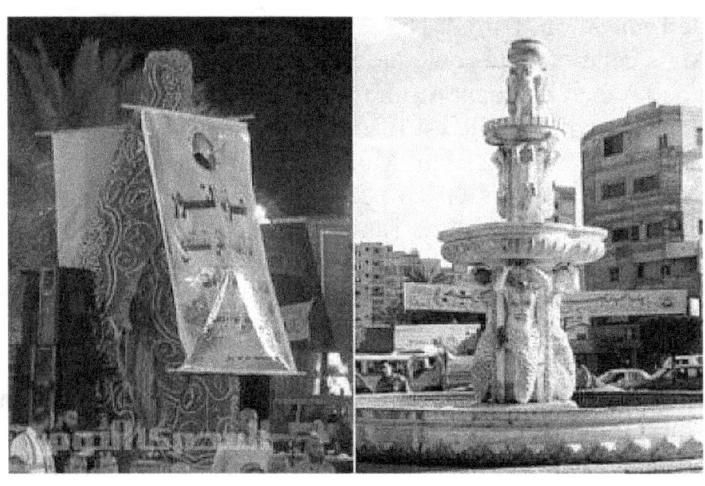

---

[1]   http://goo.gl/md3D6s
[2]   http://goo.gl/HD53wm; http://goo.gl/SiIUAi
[3]   Voir ce texte anonyme http://goo.gl/8yP3dL, ainsi que le refus d'un savant saoudien: http://goo.gl/zB3PsQ
[4]   http://goo.gl/X5ALN7
[5]   http://goo.gl/vWB1TT; http://goo.gl/32EOzT; http://goo.gl/4qzTtw
[6]   http://goo.gl/f9AEZu

Il y a eu aussi la décapitation du monument érigé en hommage au romancier et critique égyptien Taha Hussein, le ministre de l'Enseignement (à la fin des années 1940), qui disait que "l'éducation est comme l'eau et l'air". C'est d'ailleurs cette phrase qui figurait sur le socle de la statue érigée à Minieh, sa ville natale[1].

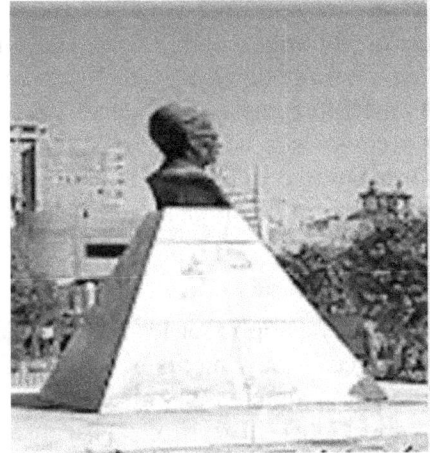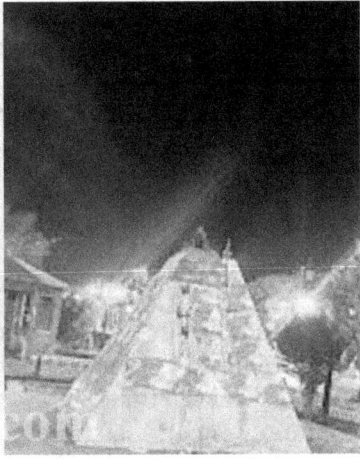

Des inconnus s'en sont pris au monument érigé en l'honneur d'Um Kulthum, la chanteuse vénérée par tout un peuple, toutes classes sociales confondues. Mais cette fois-ci le visage de "l'astre d'Orient" n'a pas été décapité; on l'a recouvert d'un niqab. Des partisans des Frères musulmans ont distribué des photos sur Internet[2].

L'hostilité des islamistes envers les statues ne s'arrête pas aux statues pharaoniques, mais s'étend aux objets de dévotion des chrétiens. En août 2012, Youm-7, l'un des media laïques les plus populaires d'Egypte, relatait qu'au moins dix-sept librairies de Shubra, l'un des plus grands quartiers du Caire, subissent des menaces parce qu'elles vendent des icônes chrétiennes et des statuettes. Les commerçants sont "paniqués" et disent qu'ils ont reçu des messages de menace les mettant en demeure de cesser de vendre des objets "idolâtres". Entre autres, ces lettres dont des copies ont été envoyées à Youm-7 disent: "Nous vous lançons un avertissement, Nassara (chrétiens): cessez votre sale négoce d'idoles répugnantes"[3].

La position la plus étrange dans ce domaine réside probablement dans la réponse d'Ahmad Subhi Mansour, chef de file des coranistes, exilé aux Etats-Unis. Un lecteur pose la question suivante: "Est-ce que la destruction des statues des mécréants à la Mecque est véridique? Si tel est le cas, comment concilier ce geste avec le verset 109:6: "À vous votre religion, et à moi ma religion" et avec la liberté d'opinion et de croyance dans l'islam?" La réponse est la suivante:

> Ce fait n'est pas véridique. Il se peut que ce soit la tribu de Qoraich qui ait détruit les statues pour prouver la sincérité de sa conversion à l'islam. Et il

---

1   http://goo.gl/Mx5IbN
2   http://goo.gl/kZRMSd. Voir cette vidéo http://goo.gl/455Doi
3   http://goo.gl/SrdQpP

est prouvé que certains musulmans de Médine sanctifiaient les pierres dressées et les tombes sacrées. De ce fait, l'interdiction d'une telle dévotion était parmi les derniers versets révélés: "Ô vous qui avez cru! Le vin, le jeu de hasard, les [pierres] dressées et les flèches [divinatoires] ne sont qu'opprobre, œuvre du satan. Écartez-vous-en. Peut-être réussirez-vous! Le satan ne veut, par le vin et le jeu de hasard, que faire tomber parmi vous l'inimitié et la haine, et vous rebuter du rappel de Dieu et de la prière. Allez-vous donc vous [en] interdire?" (112/5:90-91). Méditez aussi le verset suivant: "Obéissez à Dieu, obéissez à l'envoyé, et prémunissez-vous! Si vous tournez le dos, sachez alors qu'il n'incombe à notre envoyé que la communication manifeste". Ceci signifie que Mahomet et Dieu n'étaient pas obéis jusqu'à la révélation de ces versets[1].

3) Destruction des statues assyriennes à Mossoul

Les projets des mouvements islamistes égyptiens d'appliquer les normes islamiques relatives à l'art figuratif ont échoué parce que ces mouvements n'ont pas pu s'imposer sur le terrain face à l'Etat égyptien. Les mouvements islamistes en Syrie et en Irak par contre, dominant des portions importantes du territoire en l'absence d'un pouvoir étatique effectif, ont ouvert la voie à l'application aussi bien des normes relatives à l'art que de celles relatives au droit pénal musulman dans toute sa cruauté, jusqu'au retour de l'esclavage. C'est dire que chaque fois qu'un mouvement islamique s'implante dans un territoire et que l'Etat y perd ses prérogatives de maintien de l'ordre, les normes islamiques resurgissent. On le constate d'ailleurs même en Occident comme on le verra ci-après.

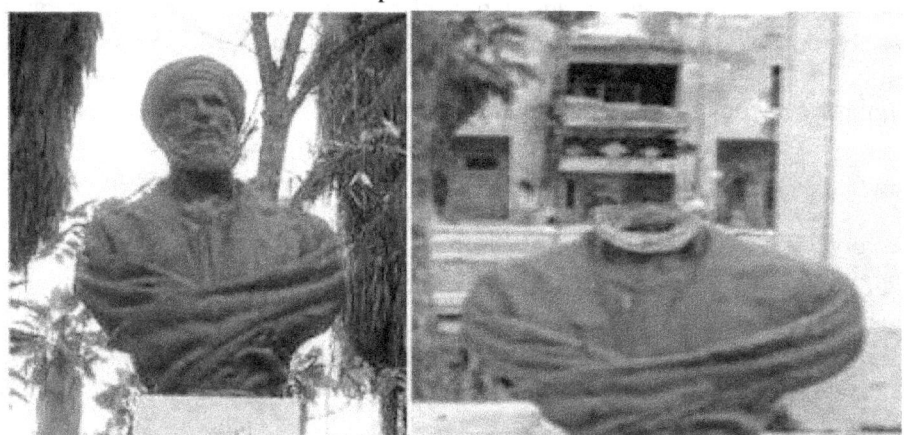

Abu-al-Alaa Al-Ma'arri décapité en Syrie

L'Orient-le-Jour du 13 février 2013 rapporte que des membres d'un groupe armé ont coupé la tête de la statue d'un célèbre poète de l'époque abbasside, Abou al-Alaa al-Maari, dans sa ville natale Maaret Al-Noomane en Syrie tenue par les rebelles. Né en 973, Abu-al-Alaa Al-Ma'arri a perdu la vue très jeune. Il est devenu

---

[1] http://goo.gl/2ZAZPz

l'un des plus grands poètes arabes, connu pour ses critiques de l'islam et d'autres religions[1].

Le 26 février, l'EI a diffusé une vidéo montrant des destructions d'œuvres d'art, tournée dans le musée de Mossoul. Certaines sont des répliques en plâtre d'originaux, d'autres sont authentiques, attaquées au marteau-piqueur, et perdues à jamais. Dans la vidéo, un homme non identifié, qui s'exprime en arabe classique, s'adresse ainsi aux musulmans: "Musulmans, ces reliques que vous voyez derrière moi sont les idoles qui étaient vénérées à la place d'Allah il y a des siècles." Le film de cinq minutes s'achève sur des destructions sur un autre site archéologique, qui pourrait être celui de Ninive, ancienne capitale de l'empire chrétien d'Assyrie[2].

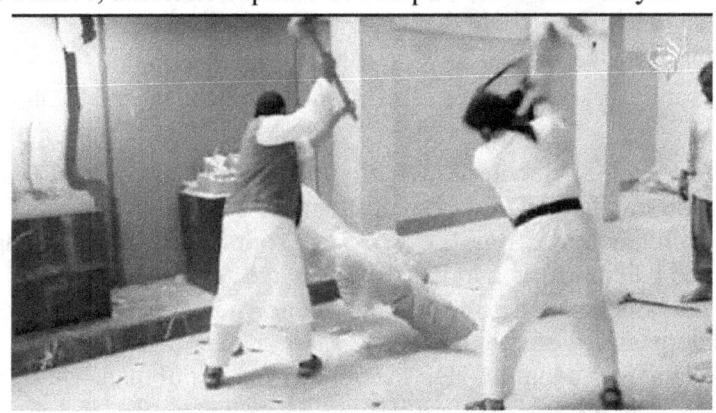

Le 5 mars 2015, l'EI a "pris d'assaut la cité historique de Nimroud et a commencé à la détruire au bulldozer", a indiqué le Ministère du tourisme et des antiquités sur sa page Facebook officielle. "Les membres de l'Etat islamique sont venus sur le site archéologique de Nimroud et ils y ont pillé les objets de valeur avant de raser le site", avait affirmé auparavant une source habitant près de Mossoul. "Il y avait des statues et des murailles, ainsi qu'un château que l'Etat islamique a intégralement détruits." Nimroud, une cité fondée au 13e siècle avant JC, est située sur les rives du Tigre à quelque 30 km de Mossoul, la grande ville du nord de l'Irak, contrôlée par l'EI depuis juin. Cet acte a été qualifié de "crime de guerre" par l'UNESCO[3].

L'Organisation de l'ONU pour l'éducation, la science et la culture (Unesco) a dénoncé samedi 7 mars 2015 ce qu'elle a affirmé être la "destruction" de la cité antique de Hatra en Irak par les djihadistes du groupe Etat islamique (EI). Un habitant des environs de Hatra a affirmé à l'agence Reuters avoir entendu tôt samedi une puissante explosion. Selon lui, d'autres personnes vivant dans les environs ont déclaré que les djihadistes avaient détruit certains des grands édifices du site et en

---

[1]   http://goo.gl/Vw8IVc

[2]   http://goo.gl/fUJvgI; voir la vidéo de la destruction http://goo.gl/2yA1rM; certains ont émis des doutes concernant les destructions commises par l'État islamique en Irak: http://goo.gl/zgSBhd

[3]   Pour la reconstitution virtuelle du palais de Nimroud par le Metropolitan Museum of Art de New York, voir cette vidéo http://goo.gl/fOA0C7. Voir aussi cette vidéo http://goo.gl/vCxXZ7. Plusieurs sources ont été utilisées dont http://goo.gl/2jAxPB

rasaient d'autres au bulldozer. Saeed Mamuzini, le porte-parole de la branche du Parti démocratique du Kurdistan (PDK) à Mossoul, a affirmé de son côté que les djihadistes avaient eu recours à des explosifs pour faire sauter certains édifices de Hatra et en attaquaient d'autres au bulldozer[1].

Ces destructions ne se sont pas limitées aux statues – elles ont englobé les lieux de culte et les monuments classés qui ne conviennent pas aux fondamentalistes venus de nombreux pays arabes, musulmans et occidentaux. C'est le cas de la mosquée qui s'élevait sur le tombeau du prophète Jonas, car à cet endroit les prières des fidèles pouvaient s'adresser à ce prophète. Or les fondamentalistes considèrent que toutes les prières doivent être dirigées vers Dieu. Et tout ce qui n'est pas Dieu n'est pas conforme à la bonne manière d'interpréter la religion[2].

Les lieux de culte chrétiens ont aussi fait l'objet de destruction. Parmi les plus récentes destructions, on se limitera à mentionner le Monastère de Saint Georges à Mossoul[3].

Ces destructions se sont étendues aussi aux manuscrits dont certains datent de plus de 7000 ans. Les combattants de l'organisation Etat islamique auraient pris possession de la Bibliothèque centrale de Mossoul pour "assainir" les fonds documentaires. Selon les habitants, ils auraient emmené avec eux, dans six pickups, plus de deux milles livres pour les détruire. Etaient concernés des livres pour enfants, des ouvrages de de poésie, de philosophie, de santé, de sport et de sciences, ainsi que des journaux datant du début du XXe siècle, des cartes ottomanes et des collections privées offertes par les vieilles familles de Mossoul. Seuls les livres traitant de l'islam auraient été épargnés. Un homme en tenue afghane aurait harangué la foule: "Ces livres appellent à la désobéissance à Dieu, ils doivent être brûlés." Les assaillants auraient ensuite mis le feu aux documents devant les étudiants. "Les extrémistes ont déjà commencé à détruire les livres dans les autres bibliothèques publiques de Mossoul le mois dernier (janvier, NDLR)", témoigne un professeur d'histoire de l'Université de Mossoul. Selon lui, les préjudices touchent les archives d'une bibliothèque sunnite, celle de l'Eglise latine et le monastère des Dominicains[4].

Il n'est pas possible d'établir un inventaire de toutes les destructions que l'EI a entrepris durant les quelques mois de sa domination dans certaines régions de la Syrie et de l'Irak. Pour ce faire, il faut attendre sa défaite sur le terrain. Ce qui nous intéresse ici n'est pas d'établir les faits, mais d'examiner les réactions et les motivations de ceux qui approuvent ces destructions et de leurs opposants. Il ne s'agit pas de citer toutes les opinions, mais d'en présenter un résumé et quelques échantillons.

La réaction la plus intéressante contre la destruction des statues de Mossoul est celle de Dar al-iftaa, organisme musulman égyptien officiel qui émet des fatwas

---

[1]   http://goo.gl/u17nau

[2]   http://goo.gl/aTMsi6; vidéo de la destruction http://goo.gl/7GXYFv

[3]   Voir les photos de destruction diffusées par les fondamentalistes dans
       http://goo.gl/dUuKHZ

[4]   http://goo.gl/Vt92vz

censées être en conformité avec le droit musulman. Elle est disponible en arabe[1] et en anglais[2]. Nous en donnons ici une traduction française:

Dar Al-Iftaa d'Egypte a fermement condamné la destruction d'objets et de statues antiques assyriens au musée de Mossoul, dans le Gouvernorat de Ninive, en Irak.

Dans un communiqué, Dar Al-Iftaa a souligné que les opinions déviantes adoptées par l'Etat islamique sur la destruction de monuments sont faibles, trompeuses et juridiquement non fondées. Cela est particulièrement vrai du fait que les Compagnons n'ont pas ordonné la destruction des monuments qu'ils ont trouvés dans les pays où ils sont allés, mais les ont préservés. Les honorables Compagnons étaient chronologiquement plus proches du Messager de Dieu qu'ils ne le sont de nous. Certains d'entre eux sont venus en Egypte lors de sa conquête et n'ont pas émis de fatwa ou d'avis juridique permettant de s'attaquer aux monuments historiques inestimables qu'ils ont trouvés. Il est rapporté que les nobles compagnons ont prié sur la place des Pyramides et ont déclaré que c'était le lieu de prière des premiers prophètes.

Le communiqué ajoute que la valeur historique de ces monuments exerce une influence particulière sur la vie de la société et de la nation parce qu'ils représentent leur histoire et leurs valeurs, et parce qu'ils constituent des leçons des nations précédentes. Ainsi, quiconque ose détruire une œuvre antique ou appelle à la destruction de monuments sous le prétexte de l'interdiction religieuse exprime des penchants extrémistes aberrants éloignés des vrais enseignements de l'Islam.

La déclaration a exprimé la nécessité de préserver les inestimables trésors de la civilisation humaine, dont certains appartiennent à l'ère islamique et d'autres à la civilisation des nations précédentes. Elle a souligné que la préservation de ce patrimoine et la visite de ces sites sont à la fois légitimes et encouragées par la religion, en raison des enseignements qui peuvent être tirés des civilisations précédentes.

Dans sa réfutation des fatwas déviantes auxquelles recourt l'Etat islamique, Dar Al-Iftaa dit qu'il existe un grand nombre de versets coraniques et de traditions prophétiques interdisant la destruction de tout héritage ancestral. Parmi ceux-ci: "N'as-tu pas vu comment ton Seigneur a fait envers les Aad, Iram aux colonnes, dont jamais semblable ne fut créée dans les contrées? Et les Tamud qui taillaient le rocher dans la vallée?" [89: 6-9] ainsi que la tradition prophétique interdisant la destruction des forts de Médine.

Dans sa déclaration, Dar Al-Iftaa a souligné que les musulmans ont préservé le patrimoine et les monuments de l'Egypte, de la Mésopotamie et des autres civilisations qui ont précédé l'Islam.

---

[1]   Version arabe: http://goo.gl/T3jNQw
[2]   Version anglaise: http://goo.gl/ZnpKtr

Dar Al-Iftaa a réfuté l'opinion extrémiste prônant l'interdiction de préserver ces monuments parce qu'ils conduisent, selon eux, à l'adoration des idoles, et parce que les masses peuvent croire aux bienfaits de ces lieux. Dar Al-Iftaa souligne la nullité de ces prétentions parce que la loi islamique n'interdit généralement pas de vénérer autre que Dieu. La loi islamique n'interdit que la vénération d'autre que Dieu à titre de cultes semblables à ceux que les gens pratiquaient à l'ère préislamique.

Dans sa réponse, Dar Al-Iftaa a ajouté que ces extrémistes ne comprennent pas le concept de *shirk* [associer des partenaires à Dieu]. Il a expliqué que le *shirk* signifie glorifier des entités aux côtés de Dieu, ou en l'excluant. C'est pour cette raison que la prosternation des anges devant Adam [la paix soit sur lui] était un acte de croyance et de monothéisme, tandis que la prosternation des polythéistes devant les idoles était un acte de mécréance et de polythéisme, en dépit du fait que, dans les deux cas, la prostration s'accomplissait devant des êtres créés. En effet, la prostration des anges devant Adam [la paix soit sur lui] intervenait par vénération de ce que Dieu a vénéré et dans le respect de son commandement; à ce titre, elle était à la fois admissible et récompensée. D'autre part, la prostration des polythéistes devant leurs idoles constituait une vénération qui n'est due qu'à Dieu Tout-Puissant – elle donc considérée comme une manifestation du *shirk*.

Dar Al-Iftaa a appelé les pays et les organisations concernés à prendre toutes les mesures nécessaires pour faire cesser toute agression contre tout héritage culturel ou sa destruction et a souligné la nécessité de préserver le patrimoine culturel, conformément aux principes et aux politiques établis et ratifiés par les traités internationaux et islamiques.

Dar Al-Iftaa a également appelé les érudits religieux, les imams des mosquées et les prêtres des églises à sensibiliser la population à la nécessité de préserver leur patrimoine culturel et de lutter contre les fatwas déviantes appelant à la destruction des monuments. Il a également souligné l'importance d'adopter des lois pour garantir la préservation du patrimoine culturel.

En plus du caractère mensonger de ce propos "les musulmans ont préservé le patrimoine et les monuments de l'Egypte, de la Mésopotamie et des autres civilisations qui ont précédé l'Islam", les arguments de Dar Al-Iftaa sont ambigus parce qu'ils excluent indirectement du champ de protection et de préservation les statues et autres objets qui entrent dans la dévotion comme la croix, les statues de Marie et autres saints, les statues de Bouddha et les divinités hindouistes. Les fondamentalistes y trouveront une justification pour détruire ces objets, et ils l'ont déjà fait[1].

---

[1]   Voir cette vidéo de la destruction de la statue de Marie en Syrie: http://goo.gl/GYGmcC et ces photos sur la destruction des croix en Irak: http://goo.gl/lnjBAs

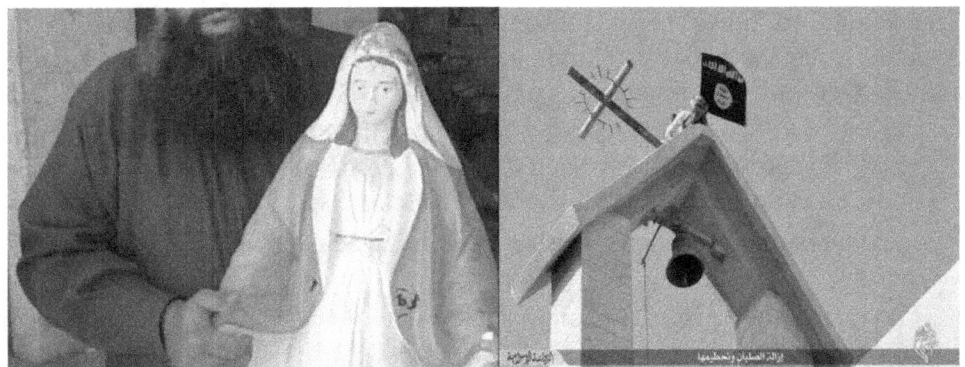

Ce qui a poussé un chercheur égyptien à exiger une fatwa explicite de la part de l'Azhar interdisant toute destruction de statues, même celles qui font l'objet de dévotion[1].

4) Destruction des statues en Occident par des musulmans

Nous avons vu qu'à chaque fois qu'un mouvement islamique s'implante sur un territoire et que l'Etat y perd ses prérogatives de maintien de l'ordre, les normes islamiques resurgissent. C'est le cas aussi en Occident. La France, où le pouvoir a perdu le contrôle de certaines banlieues, voit des bandes islamistes imposer des restrictions aux libertés individuelles, surtout en rapport avec les normes vestimentaires et la mixité. Dans un documentaire réalisé par John-Paul Lepers et diffusé le 10 septembre 2010 sur France 4, trois responsables de la mosquée Abou Bakr, dans le quartier du Pile à Roubaix, affirment que si demain la France devient majoritairement musulmane, le droit musulman doit s'y appliquer, y compris la lapidation[2]. Et celui qui veut lapider voudra certainement détruire les statues. D'ailleurs, des statues ont déjà été détruites en Occident.

Ainsi la presse rapporte que l'Allemagne subit une destruction physique sans précédent de ses symboles chrétiens[3].

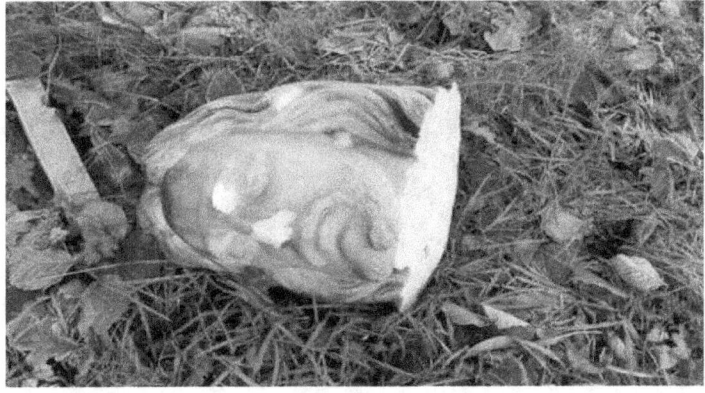

---

[1]   http://goo.gl/kMU2Fy
[2]   http://goo.gl/rLFJGK; voir la vidéo http://goo.gl/8NmS5x
[3]   http://goo.gl/IoIC8P; http://goo.gl/PnjBN5; http://goo.gl/n2UyHc

En mars 2015, un individu âgé de 28 ans et originaire du Bangladesh, jugé déséquilibré, a été arrêté par la police. Il indique avoir endommagé 14 sites répartis dans le canton de Genève[1]. Parmi ses méfaits:

- Eglise catholique, paroisse Sainte-Pétronille à Chambésy. Un bas-relief sculpté, une vierge et un Sacré-Cœur de Jésus ont été vandalisés. La couronne a été volée, et la croix de l'ange a été arrachée.

- Le taureau du Muséum, situé sur la route de Malagnou, a été amputé de ses oreilles et d'une corne.

- La marmotte du Muséum, situé sur la route de Malagnou, a perdu son museau et un œil.

- Un lion du monument Brunswick, sur le quai du Mont-Blanc, a perdu une partie de sa queue.

- Un griffon du monument Brunswick, sur le quai du Mont-Blanc, s'est fait raboter le bec et les serres.

- Les statues des deux soldats ont été endommagées au visage, aux mains et aux pieds.

La suppression des signes religieux chrétiens qui ne sont pas conformes aux normes islamiques peut être le fait de chrétiens eux-mêmes, pour des raisons financières. Ainsi, à la suite d'un contrat de trois ans avec une banque d'Abu Dhabi, le Real Madrid a retiré la croix catholique de son logo[2]. Selon la presse espagnole, cette décision a été prise par respect pour les croyances de la population arabe, "afin de ne pas offenser ou mettre mal à l'aise les clients musulmans". Sur la carte de crédit présentée lors de la conférence de presse, ce détail a interpellé les journalistes. Pour éviter tout malentendu, ce changement de logo ne concerne que la carte de crédit émise dans le monde arabe. Le sigle "européen" du Real Madrid gardera sa croix chrétienne.

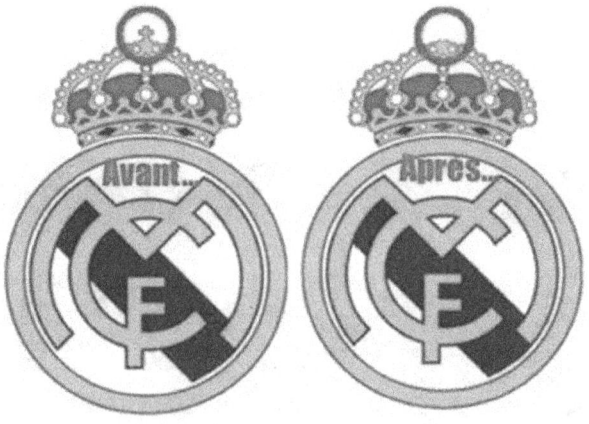

[1] http://goo.gl/07djHt
[2] http://goo.gl/21Yzse

En mai 2014, un diacre permanent, Léo Van Gink, était assis à la terrasse du café "'t Gildenhuys", à Essen, dans la banlieue d'Anvers, lorsqu'éclata un incident. Des musulmans qui avaient remarqué la croix sur son costume l'ont traité de pédophile. "Je ne pouvais tolérer cet écart de langage, je leur ai donc demandé de s'en aller", déclare Richard Arnouts, le patron du café, sur son lit d'hôpital. Les musulmans n'ont pas obtempéré et l'ont frappé. L'homme est en ce moment à l'hôpital avec une vertèbre cassée. Ils ont également blessé quatre autres personnes[1].

En novembre 2013, une statue de Notre-Dame-de-Lourdes a été décapitée et une autre abîmée, à A Plouay (Morbihan). Des actes similaires ont été commis à Bubry, commune située à 15 km de Plouay, en septembre et début novembre, aux abords d'une chapelle. Au total, trois statues religieuses ont été renversées et brisées. D'autre part, des dégradations s'enchaînent depuis le mois de juin dans la région de Pontivy. Le dernier méfait y a été découvert dimanche 17 novembre: deux statues en plâtre ont été vandalisées dans la chapelle de Castennec, à Bieuzy-les-Eaux[2].

En août 2013, une statue de la vierge Marie située non loin de l'hôpital de Bayeux et du musée de la tapisserie a été décapitée dans la nuit[3].

Une information du 1er novembre 2011 indique que les résidents suisses d'origine étrangère se disent offensés par la croix blanche sur le fond rouge et exige qu'elle soit remplacée par un drapeau tricolore vert-jaune-rouge, comme c'était le cas il y a deux siècles[4].

5) Destruction dans d'autres pays par des musulmans

Il serait trop long de dresser la liste de toutes les attaques musulmanes contre l'héritage culturel de leurs pays d'origine ou des autres pays à travers l'histoire[5]. Nous nous limitons à quelques faits récents qui démontrent que ces attaques ont un caractère universel.

Aujourd'hui, en Inde, un groupe intitulé sharia4hind, créé par le britannique Anjem Choudary, a appelé en 2012 à l'abandon de la constitution indienne et à l'application de la loi islamique[6], ce qui implique la destruction des idoles hindouistes et des statues publiques et leur remplacement par des mosquées. Le diaporama comporte une statue "décapitée" de Shiva, avec l'avertissement: la destruction des idoles et des statues indiennes.

---

[1]   http://goo.gl/Uo531A

[2]   http://goo.gl/fC6nLT

[3]   http://goo.gl/Syry03

[4]   http://goo.gl/4SlFyT

[5]   Voir une liste établie par Daniel Pipes: http://goo.gl/tA4TYX

[6]   http://goo.gl/mROqZ3; http://goo.gl/gVoCJL

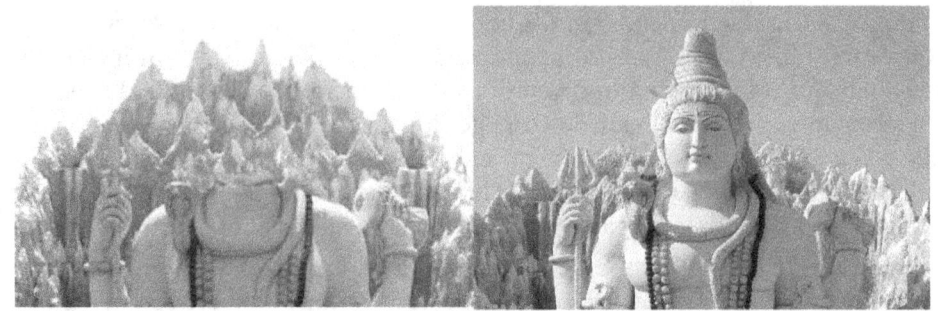

Et pour rester en Inde, il faut rappeler que dans ce pays, les musulmans ont massacré environ 80 millions d'hindouistes et détruit d'innombrables temples en application des normes islamiques qui donnent aux non-monothéistes le choix entre l'épée ou la conversion à l'islam. C'est le génocide le plus important dans l'histoire humaine[1]. Le professeur Meenakshi Jain, de l'Université de Delhi, s'étonne devant ce qu'il appelle l'aseptisation de la destruction des temples par l'islam[2]. Il s'élève contre "les spécialistes marxistes et occidentaux qui dissocient désespérément les batailles actuelles des luttes passées et, dans la foulée, disculpent délibérément les musulmans des exactions qui leur sont traditionnellement imputées". À ceux qui pensent que les destructions attribuées aux musulmans sont exagérées, il répond: "La profanation des sites sacrés hindous était considérée comme une activité méritoire dans tout le monde musulman, raison pour laquelle les écrivains en question éprouvaient le besoin de glorifier de tels actes, qu'ils aient réellement eu lieu ou non. Il est certain que même les plus pro-musulmans des historiens auraient bien du mal à nommer un seul écrivain médiéval, quelle que soit sa stature, qui ait désapprouvé un tel vandalisme ou l'ait considéré comme contraire à l'Islam. En outre, le fait même de la destruction n'est contesté par aucun spécialiste, même s'il existe un débat sur ses possibles motivations."

En février 2012, des statues bouddhistes ont été vandalisées par des manifestants musulmans aux Maldives[3]. Après l'accession du parti islamiste Adhaalath au pouvoir, pour signifier l'avènement d'une nouvelle ère, une foule est entrée dans le musée national et a renversé de nombreuses statues, dont plusieurs statues de Bouddha en roche calcaire et en corail, inestimables témoins du passé bouddhiste de l'archipel.

Dans la nuit du 11 juin 2014, un étudiant saoudien de 31 ans diplômé de l'Université de Keio a détruit quatre statues bouddhistes au temple Senso-ji à Tokyo. L'étudiant a admis son acte et a indiqué aux investigateurs qu'il avait commis des actes similaires sur d'autres statues. On pense que ce geste est motivé par le fait que l'Islam interdit toute forme d'idolâtrie[4].

---

[1] Voir sur ce génocide les liens suivants: http://goo.gl/23mkTi; http://goo.gl/fCN5wi; http://goo.gl/eUvhax; http://goo.gl/msKNvQ

[2] http://goo.gl/FGxwPS

[3] http://goo.gl/ZN2OrG; http://goo.gl/Sb77Kv

[4] Vidéos http://goo.gl/lRyPJZ et http://goo.gl/KIyXRp; http://goo.gl/LBG3He

En octobre 2012, des gravures sur pierre remontant à plus de 8000 ans ont été détruites par des salafistes dans les montagnes du Haut-Atlas, au sud du Maroc. L'une des gravures est appelée la plaque du soleil et elle est antérieure à la présence des phéniciens au Maroc. Elle se trouve sur un site archéologique connu, dans la plaine de Yakour, près de Marrakech. Il y a quelques groupuscules salafistes dans cette région et ce n'est pas la première fois que des sites antéislamiques y sont attaqués, explique Abou Bakr Anghir, de la Ligue amazighe des droits de l'Homme. La représentation du soleil peut être considérée par certains mouvements fondamentalistes comme la figure d'une divinité et donc une "idolâtrie", contraire à l'unicité de Dieu[1].

En octobre 2011, 300 personnes, en majorité des salafistes, ont assiégé la station de télévision Nessma à Tunis et ont tenté de l'incendier à la suite de la diffusion du film d'animation Persepolis de la Franco-Iranienne Marjane Satrapi, une critique du régime iranien de l'ayatollah Khomeiny, qui était suivi d'un débat sur l'intégrisme religieux. Selon des manifestants, elle viole les règles de l'islam en dépeignant Allah[2]. Le domicile du président de la station de télévision a été attaqué et il a été contraint de présenter ses excuses au peuple tunisien[3].

En 2012, des islamistes contrôlant le nord du Mali ont démoli plusieurs mausolées de saints musulmans à Tombouctou. L'objectif affiché par Sanda Ould Boumama, porte-parole d'Ançar Eddine à Tombouctou, est de détruire tous les mausolées de la ville, "sans exception". Le premier sanctuaire visé a été celui de Sidi Mahmoud, dans le nord de la ville, qui avait déjà été profané début mai par des membres d'Al-Qaida au Maghreb islamique (AQMI), un allié d'Ançar Eddine, ont raconté des habitants joints depuis la capitale, certains encore sous le choc. Ce projet de destruction totale des mausolées est une réponse à la décision de l'Unesco, annoncée peu auparavant, de placer Tombouctou, depuis 1988 au patrimoine mondial de l'humanité, sur la liste du patrimoine en péril, d'après le porte-parole d'Ançar Eddine. "Dieu, il est unique. Tout ça, c'est haram [interdit en islam]. Nous, nous sommes musulmans. L'Unesco, c'est quoi?", a-t-il dit, ajoutant qu'Ançar Eddine agissait "au nom de Dieu"[4].

En Libye, les islamistes se livrent aussi à des destructions[5]. Ainsi, en août 2012, des islamistes ont utilisé une pelleteuse pour démolir une partie du Mausolée d'Al-Chaab Al-Dahmani, près du centre de la capitale libyenne, et ont profané le tombeau de ce sage, lieu de pèlerinage pour les musulmans. La veille, des dizaines d'intégristes avaient fait exploser le Mausolée du cheikh Abdessalem Al-Asmar, un théologien soufi du XVIe siècle, à Zliten, à 160 km à l'est de Tripoli, alors théâtre d'affrontements, selon une vidéo diffusée sur les réseaux sociaux. Cette vidéo

---

1   http://goo.gl/vuMvYK
2   http://goo.gl/b12xof; http://goo.gl/2o5dFt ,voir le film en italien:
    http://goo.gl/V0Qr2U
3   http://goo.gl/KKQPPX
4   http://goo.gl/Fb29V0
5   http://goo.gl/Acnbs8

montre l'explosion du mausolée, le plus important en Libye, sur fond de cris proclamant que "Dieu est le plus grand". Une bibliothèque et une université portant le nom du cheikh al-Asmar ont également été la cible d'actes de destruction et de pillage, selon des sources de sécurité locales. Par ailleurs, des témoins ont indiqué qu'un autre mausolée, celui du Cheikh Ahmed al-Zarrouk, avait été détruit à Misrata, à 200 km à l'est de Tripoli.

Au mois de janvier 2015, des acteurs marocains ont reçu des menaces de mort sur les réseaux sociaux et par téléphone pour avoir joué des rôles dans le film de Ridley Scott "Le fils de Dieu" sur la vie de Jésus, et un pirate informatique a publié sur les réseaux sociaux les coordonnées des acteurs ayant participé à ce film. On les accuse même d'apostasie[1].

---

[1]   http://goo.gl/lyDoKG

Chapitre V.
L'affaire Charlie Hebdo

1) Attaques contre Charlie Hebdo

Il n'est pas question ici de faire l'historique des attaques dont a été victime le journal Charlie Hebdo accusé d'avoir publié des caricatures de Mahomet. Nous nous limitons à la mention de la plus grave de ces attaques et aux réactions politiques qu'elles ont suscitées ainsi qu'à notre prise de position.

Le 7 janvier 2015 vers 11h30, deux hommes vêtus de noir, cagoulés et porteurs d'armes automatiques, ouvrent le feu au siège de Charlie Hebdo à Paris en pleine conférence de rédaction, criant *Allah akbar*. Ils tuent douze personnes et en blessent onze, dont quatre grièvement, dans le pire attentat commis en France depuis plus d'un demi-siècle. Le 14 janvier 2015, Al-Qaïda au Yémen revendique l'attentat contre Charlie Hebdo dans une vidéo. Le même jour, le journal sort son numéro 1178, à un tirage exceptionnel. Charlie Hebdo ne voulait cependant pas capituler devant les fondamentalistes; il publia avec à la une caricature de Mahomet[1].

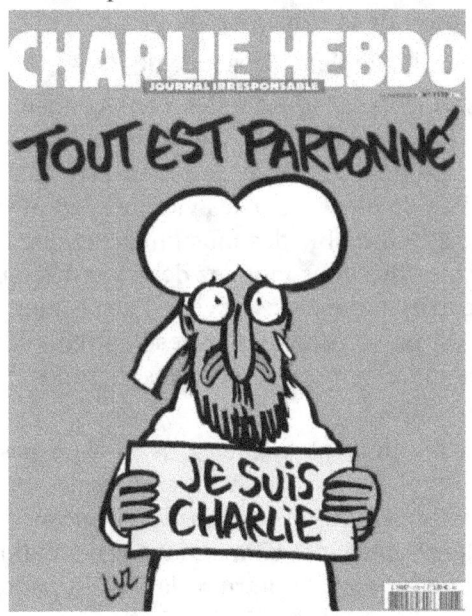

Malgré son caractère non agressif, cette publication a déclenché la colère du conseiller du Mufti égyptien qui a "mis en garde" contre ce dessin, y voyant "une pro-

---

1   http://goo.gl/KxiiKm

vocation injustifiée pour les sentiments d'un milliard et demi de musulmans à travers le monde", prouvant par là qu'il voudrait voir la France se soumettre aux normes islamiques sur son propre territoire. Et d'ajouter, d'un ton menaçant à peine voilé, que la publication de ces dessins "insultants à l'égard du prophète" va "attiser la haine (…). Elle ne sert pas la coexistence pacifique entre les peuples et entrave l'intégration des musulmans dans les sociétés européennes et occidentales." Ce qui rappelle les missives que Mahomet aurait envoyées aux grandes figures de son temps: "Soumets-toi et tu seras sain et sauf."

En France, Ghaleb Bencheikh signale pourtant que rien dans les textes du Coran ou dans la tradition prophétique ne justifie l'interdit religieux de représenter le prophète[1]. Cette interdiction pourrait en revanche provenir de hadiths, c'est à dire les textes et les paroles prononcées par le prophète et rassemblées dans la Sunna. Qui n'entre pas forcément en concordance avec le Coran. Même si ce sont les deux grandes sources de la foi et de la vie des musulmans, rappelle Louis Gardet dans Islam, religion et communauté. "Mais s'il fallait les suivre à la lettre, il ne devrait y avoir ni statues, ni photographies, ni télévisions dans les pays musulmans, rappelle Le Point"[2], expliquant qu'ils étaient surtout destinés "à combattre l'idolâtrie, un péché dénoncé dans l'islam, comme d'ailleurs dans le judaïsme et le christianisme".

Le Dr Dalil Boubakeur, imam de la Mosquée de Paris, le président François Hollande, et le 1er premier ministre Manuel Valls ont tenté de calmer le jeu sans oser toucher au fond du problème. Ce qui m'a amené à leur écrire les lettres suivantes.

2) Lettre ouverte à l'imam de la Mosquée de Paris

Cher Dr Dalil Boubakeur, imam de la Mosquée de Paris[3],

J'ai visionné plusieurs vidéos dans lesquelles vous condamnez l'attentat contre le magazine Charlie Hebdo, qui a coûté la vie à un certain nombre de journalistes. Vous y avez tenté de disculper l'islam de ce qui est arrivé. Vous avez même pleuré sur les musulmans au lieu de pleurer sur les victimes, en affirmant que ce qui s'est passé est un coup porté à l'ensemble des musulmans et que l'Islam sanctifie la vie. Vous démontrez ainsi que vous vous moquez de la vie des journalistes assassinés et que votre seule préoccupation consiste à éviter l'accusation de l'islam et des musulmans pour ce qui s'est passé. Vous vous êtes contredit et vous avez prouvé que vous manquez de la moindre sympathie pour les victimes. Vous avez perdu votre humanité par ces déclarations.

Mais soyons honnêtes, absolument honnêtes. Ne dit-on pas, en arabe, que de la franchise naît la tranquillité? Parlons en termes médicaux, puisque vous êtes médecin de profession. Vous savez qu'un diagnostic erroné peut entraîner la mort du patient. Si vous considérez un cancer comme un simple mal passager, vous donnez l'occasion au cancer de croître et de détruire la vie du patient. Je pense que vous

---

[1]   http://goo.gl/7z9BcI
[2]   http://goo.gl/GOGvzm
[3]   http://goo.gl/QxB4iF

êtes d'accord avec moi sur ce point. Et il va de soi que le médecin, après le diagnostic, doit suggérer le médicament adéquat au patient afin de le guérir.

Permettez-moi de vous dire que votre diagnostic sur les événements d'hier à Paris ne saurait convaincre que les idiots et les hypocrites. Si vous n'êtes pas conscient de votre erreur, c'est un signe de votre ignorance. Et si vous savez que votre diagnostic est erroné, cela signifie que vous êtes un malhonnête, pour ne pas dire un menteur.

Ce qui est arrivé à Paris est entièrement conforme à l'enseignement de l'Islam tel qu'il ressort du Coran, de la Sunna de Mahomet et de tous les ouvrages reconnus de droit musulman. Est-il nécessaire de vous rappeler comment Mahomet s'est vengé de ceux qui l'ont critiqué? Ne savez-vous pas ce que Mahomet a fait à Um Qarfa? Ne savez-vous pas comment le Coran stigmatise les poètes dans le chapitre qui leur est consacré et qui porte le titre "Les poètes"? Jamais Mahomet n'a admis la moindre critique à son égard; il n'acceptait que ceux qui chantaient ses louanges, comme le font les rois et les chefs des pays arabes et musulmans aujourd'hui. Ne savez-vous pas que les ouvrages de droit musulman prescrivent de tuer ceux qui critiquent Mahomet? Pouvez-vous m'indiquer un seul pays arabe ou musulman qui permet de toucher à Mahomet? Bien sûr que non. Où donc est la sanctification de la vie dont vous parlez? La liberté d'expression et la vie des humains n'ont aucune valeur dès qu'on touche à l'Islam, au Coran ou à Mahomet. Et je vous défie de me présenter la moindre preuve de l'inexactitude de mes propos. À moins que vous n'indiquiez les critiques contre Mahomet dans la période mecquoise, quand il n'avait pas d'épée. Mais après avoir joint le pouvoir à la prophétie, il n'a toléré aucune critique contre lui ou le Coran. Et cela vaut encore aujourd'hui.

Revenons sur ce qui s'est passé à Paris. Vous avez certainement appris que lorsque les terroristes ont assassiné les journalistes, ils criaient "Dieu est grand, le prophète Mahomet a été vengé". Ils se considéraient comme les exécutants de la loi islamique contre ceux qui critiquent Mahomet. Et ce qu'ils ont fait est conforme aux dispositions de la loi islamique. La question se pose: où l'ont-ils appris? Ne serait-ce pas dans des livres dont regorgent les bibliothèques des mosquées en France? Ne serait-ce pas dans les prêches des imams de ces mosquées?

En France, tout le monde a le droit de critiquer le judaïsme, le christianisme, le communisme, ainsi que leurs symboles et leurs ouvrages. Et les journalistes qui ont été assassinés ne s'en sont pas privés, sans tenir compte des susceptibilités des juifs, des chrétiens ou des communistes. Ce droit est garanti par la loi française. En refusant toute critique de l'islam, de Mahomet et du Coran même en France, les musulmans voudraient tout simplement y appliquer la loi islamique et brider la liberté d'expression. Tant que de telles idées dominent la mentalité des musulmans, ce qui est arrivé à Paris avec Charlie Hebdo se répétera, avec le même magazine et d'autres. Ainsi, sous la menace de mort, les musulmans veulent faire taire des intellectuels, des journalistes, des universitaires, des politiciens et toutes autres personnes qui seraient tentées de critiquer l'islam et ses symboles. Ils veulent tout simplement établir en France une dictature islamique brutale, interdisant la liberté de pensée et d'expression.

Je vous invite à un moment de franchise avec vous-même. Vous dites vouloir le vivre-ensemble en France. Comment pouvez-vous imaginer la cohabitation entre musulmans et non-musulmans en France avec de telles idées? Ne voyez-vous pas que la société française est menacée par la guerre civile dont les musulmans seront les premiers perdants? Soyons honnêtes. Ne pensez-vous pas que de nombreux adeptes de votre religion en France, ou certains d'entre eux au moins, ont applaudi l'assassinat des journalistes de Charlie Hebdo comme ils ont applaudi les crimes de Mohamed Merah?

Aucune personne saine d'esprit ne peut nier que ce qui est arrivé à Paris avec les journalistes de Charlie Hebdo provient des enseignements islamiques. C'est le diagnostic que personne d'informé ne saurait mettre en doute. Ceci étant, il faut en déduire la nécessité de revoir l'ensemble des enseignements islamiques. On doit lever la sainteté du Coran, de Mahomet et de l'islam et permettre leur critique comme on le fait avec le judaïsme, le christianisme et le communisme. Les imams de mosquées en France doivent reconnaître la liberté d'expression prévue par la loi française et demander aux musulmans qui ne l'acceptent pas de quitter la France pour retourner dans leur pays d'origine. Et ce pour éviter la guerre civile entre musulmans et non-musulmans en France.

En ce qui concerne les mosquées, il faut surveiller ce qui y est dit et ce qui y est enseigné afin qu'elles ne deviennent pas des nids de terrorisme et d'extrémisme. Pour cela, je suggère que les mosquées soient ouvertes à tous, que les prêches soient prononcés en français, que les imams étrangers ne soient pas autorisés à y officier, et je propose de soumettre les imams actuels à des mesures administratives et éducatives. Vous savez sans doute qu'en Egypte les prêches sont distribués aux imams par les autorités étatiques, qui contrôlent la stricte observance de leur contenu. Tous les prêches des mosquées de France doivent être soumis à l'approbation préalable des autorités françaises, ces prêches doivent être enregistrés et les contrevenants doivent être sanctionnés par le retrait de la nationalité et le renvoi dans le pays d'origine. Et ce, encore une fois, pour éviter la guerre civile entre musulmans et non-musulmans en France.

D'autre part, il faut revoir intégralement l'enseignement islamique et l'orienter vers la doctrine de Mahmoud Mohamed Taha, qui a été pendu sur instigation de l'Azhar. Ce penseur estimait qu'il fallait impérativement laisser de côté le Coran médinois, qui viole les droits de l'homme, et ne retenir que le Coran mecquois. Cela nécessite l'interdiction en France du Coran sous sa forme actuelle. Il faut exiger que tous les exemplaires du Coran, y compris ceux qui se trouvent dans les mosquées, soient dans l'ordre chronologique, en indiquant clairement que le Coran médinois est caduc en raison de ses incitations à violer les droits de l'homme. Les responsables de la religion musulmane doivent en outre reconnaître la liberté religieuse, y compris la liberté de changer de religion, de quitter l'islam. Les autorités françaises doivent imposer cette exigence sous peine de retrait de la nationalité française et de renvoi dans le pays d'origine.

Ce sont là des mesures que vous devez prendre en tant qu'imam de la Mosquée de Paris, et que doivent prendre les autorités françaises le plus rapidement possible afin de permettre le vivre-ensemble en France.

Veuillez agréer, Monsieur l'imam de la Mosquée de Paris, l'expression de ma haute considération.

3) Lettre ouverte au président français

Monsieur le président François Hollande[1],

Votre discours[2] est inquiétant. En déclarant que ces terroristes qui ont frappé votre pays "n'ont rien à voir avec la religion musulmane", vous démontrez que vous êtes ignorant, ou mal informé et mal conseillé, ou vous mentez à vous-même et aux autres par peur de dire la vérité.

Je me permets de vous indiquer la lettre ouverte que j'ai adressée à Dalil-Boubakeur: Lettre à Dalil Boubakeur: revoir intégralement les enseignements de l'islam.

Sachez, Monsieur le président, que l'ignorance ou le mensonge ne mènent qu'à plus de problèmes dans votre pays et ailleurs. Personne ne saurait douter que ce qui s'est passé en France est en conformité avec le droit musulman tel qu'il découle du Coran, de la Sunna de Mahomet et de tous les ouvrages de droit musulmans. De ce fait, il faut exiger des musulmans de revoir intégralement les enseignements de l'Islam, comme je l'ai signalé à M. Dalil Boubakeur, en lui indiquant les mesures que les musulmans et le gouvernement français doivent prendre pour permettre le vivre-ensemble en France.

Une maladie mal diagnostiquée est une maladie qui ne peut qu'empirer. Je sais que cela exige du courage à dire la vérité. Mais il en va du sort de la France et de tous les pays civilisés. Et dans tous les cas, vous ne rendez pas service aux musulmans en les confortant dans leur erreur et en les empêchant de voir la réalité en face pour y remédier en profondeur.

Vive la France, et mes condoléance aux parents des victimes du terrorisme islamique.

4) Lettre ouverte au premier ministre français

Monsieur le premier ministre Manuel Valls[3],

Ces derniers jours, vous avez tenté de cerner les origines du drame de Charlie Hebdo, afin que cela ne se répète pas dans votre beau pays.

Après que votre président ait disculpé l'islam en déclarant que les "terroristes n'ont rien à voir avec la religion musulmane", vous visez maintenant l'école qui aurait failli à son rôle d'intégration, et l'existence d'un "apartheid territorial, social, ethnique, qui s'est imposé à notre pays".

---

[1]   http://goo.gl/RYbCxs
[2]   http://goo.gl/ml5i7b
[3]   http://goo.gl/elIFXQ

En tant que suisse d'origine proche-orientale, j'ai réfléchi à la situation en Suisse, petit pays pauvre en ressources naturelles, divisé en 26 cantons jaloux et fiers de leur souveraineté, quatre communautés linguistiques et deux principales communautés religieuses traditionnellement antagonistes (catholiques et protestants). Pourquoi la cohabitation y a-t-elle fonctionné alors qu'au Proche-Orient, et notamment dans mon pays d'origine, la Palestine, les gens s'entre-tuent, et comment empêcher que votre France soit contaminée par le mal proche-oriental et ravagée par une guerre religieuse?

Sans doute, on dira que la prospérité économique suisse a joué un rôle, mais cette prospérité a été précédée par des réformes institutionnelles qui ont évité à la Suisse une guerre entre protestants et catholiques, en permettant l'intégration de ces deux communautés. Aucune prospérité économique ne peut intervenir dans un pays sans une cohabitation harmonieuse entre ses différentes communautés.

À refuser d'apprendre la leçon de l'histoire, on risque de répéter les erreurs du passé. Je vous propose donc un peu d'histoire.

La Suisse, comme d'autres pays européens, a connu ce qu'on appelle le Kulturkampf, traduit généralement en français par "Combat pour la civilisation". Ce qui rappelle étrangement l'expression "Clash of civilizations" rendue célèbre par Samuel P. Huntington.

Ce "Combat pour la civilisation" a débuté par un conflit entre le royaume prussien, et ensuite l'empire allemand sous la houlette de Bismarck d'une part, et d'autre part l'Église catholique sous Pie IX autour de la séparation de l'État et de la religion, conflit provoqué par l'adoption de lois régissant la vie en société dans l'État sans l'approbation préalable de l'Église et des autorités religieuses. C'était une extension du conflit opposant les philosophes des Lumières, qui plaçaient la raison au-dessus de la religion, et l'Église catholique qui plaidait pour la suprématie de la religion sur la raison et la science, affirmant qu'il appartenait à la religion (ou plus précisément aux autorités religieuses) de délimiter les compétences législatives de l'État.

Ce "Combat pour la civilisation" a commencé dans les années 1860, dans la région allemande de Baden, qui avait imposé aux prêtres un examen culturel visant à établir dans quelle mesure ils acceptaient l'État et lui prêtaient allégeance. Celui qui refusait cet examen se voyait interdire l'exercice de la fonction religieuse. En 1864, le Pape Pie IX a établi une liste de 80 erreurs en politique, en culture et en science, où figuraient la liberté d'expression, la liberté religieuse et la séparation entre l'État et la religion. Ensuite est venu le Concile Vatican I (1869-1870) affirmant l'autorité de l'Église, notamment à travers le dogme de l'infaillibilité du pape. Ce geste a été perçu par les libéraux comme une violation de la liberté de pensée et de religion. L'État a appuyé ce courant libéral et les relations entre l'Allemagne et le Vatican ont été rompues en 1872. Bismarck a alors promulgué plusieurs lois visant directement ou indirectement l'Église catholique. Ce fut le fondement de l'État moderne en Europe occidentale.

Le "Combat pour la civilisation" s'est étendu à la Suisse et a failli y provoquer un conflit armé entre les cantons catholiques et protestants. La Suisse a rompu ses relations avec le Vatican en 1873, en raison du dogme de l'infaillibilité du pape, et, une année plus tard, elle a adopté la Constitution de 1874 qui consolidait l'unité nationale et affirmait son indépendance à travers des normes visant à séparer l'État de la religion et à garantir les libertés individuelles. On citera ici les dispositions suivantes:

- Retrait du registre des personnes des mains de l'Église et son transfert à l'État, qui le baptisa "Registre de l'état civil".

- Imposition du mariage civil devant l'Office de l'état civil. Dès lors, une cérémonie religieuse ne pouvait intervenir qu'après le mariage civil. On ne parlait plus de mariage religieux, mais seulement de bénédiction religieuse. Un religieux qui donnait sa bénédiction avant le mariage civil était poursuivi, sanctionné pénalement, et son acte restait sans aucun effet juridique. Cela permettait à toute personne, quelle que soit sa religion, d'épouser qui elle voulait devant l'Office de l'état civil, sans se référer aux autorités religieuses.

- Suppression des tribunaux religieux et attribution exclusive des juridictions à l'État. Il devenait ainsi possible de dissoudre le mariage par le divorce dans des circonstances prévues par la loi civile, et non par l'Église.

- Garantie de la liberté religieuse, dont la liberté des parents de choisir la religion de leurs enfants et leur éducation religieuse dans les écoles, et ce jusqu'à l'âge de 16 ans. Par la suite, ce droit est transféré à l'enfant lui-même qui a le droit de changer de religion s'il le veut, ou de ne pas suivre d'éducation religieuse.

- Placement des cimetières entre les mains des autorités civiles. Ainsi, tous les cimetières sont ouverts à tous, quelle que soit leur religion. On a supprimé la séparation entre catholiques et protestants après la mort, et les autorités religieuses n'avaient plus le droit de décider qui serait enterré dans un cimetière. Toute personne avait désormais droit à un enterrement décent, sans discrimination religieuse.

Par ces mesures, les autorités suisses ont mis la main sur toutes les compétences civiles de l'Église de la naissance à la mort. Voilà les normes qui ont assuré la paix confessionnelle en Suisse au XIXe siècle, laquelle a permis la prospérité.

Or, dois-je vous le rappeler, les usages islamiques appliqués par la communauté musulmane, et dont certains sont admis par votre pays, s'opposent aux normes que je viens de citer. Ce sont ces usages qu'on doit qualifier d'apartheid, ou qui conduisent à l'apartheid social que vous dénoncez. Voyez vous-même:

- Les musulmans refusent le mariage d'une musulmane avec un non-musulman, alors qu'ils se permettent d'épouser les femmes non musulmanes. Si un chrétien en France veut épouser une musulmane, la communauté musulmane française lui impose la conversion à l'islam. S'il ne s'y plie pas, sa femme musulmane et son mari non musulman risquent de se faire tuer par leur propre famille. Or sans mariages mixtes, aucune intégration sociale n'est possible pour la communauté musulmane. Et ces mariages doivent avoir lieu dans le respect des normes françaises, sans les discriminations spécifiquement musulmanes. Un musulman qui refuse que sa fille épouse un chrétien ne doit pas avoir le droit de séjourner en France, d'y demander l'asile politique ou d'en obtenir la nationalité.

- Des imams en France célèbrent des mariages religieux à l'insu des autorités françaises, et certains de ces mariages sont polygames, en violation du droit français. Ces imams doivent être sanctionnés, déchus de leur nationalité et expulsés de France.

- La communauté musulmane en France ne reconnaît toujours pas la liberté de changer de religion. Les apostats, ceux qui quittent l'islam, doivent rester discrets par peur de se faire harceler, voire tuer dans votre propre pays. Aucun imam et aucun musulman ne doit être accepté en France s'il n'admet pas la liberté religieuse, y compris le droit de changer de religion, de quitter l'islam.

- La communauté musulmane demande la création de cimetières ou de carrés réservés exclusivement aux musulmans, parce que le droit musulman interdit qu'on enterre un musulman à côté d'un mécréant. Votre pays doit interdire la création de cimetières religieux, supprimer ceux qui existent et exiger que les morts soient enterrés les uns à côté des autres sans distinction de religion. Aucun imam et aucun musulman ne doit être accepté en France s'il n'admet pas ce principe d'égalité et de non-discrimination devant la mort.

- La communauté musulmane place la loi religieuse au-dessus de la loi française. Il suffit d'observer les restrictions vestimentaires que la communauté musulmane impose à ses membres malgré l'interdiction du voile intégral en France. Un de vos ressortissants musulmans va jusqu'à payer les amendes infligées aux femmes qui portent le niqab en violation de la loi française. La France doit être ferme dans ce domaine et renvoyer les imams et les musulmans qui refusent de se plier aux normes françaises dans ce domaine.

- La communauté musulmane cultive une vision de rejet par rapport aux non-musulmans dans leur propre culte. La prière de la Fatiha, premier chapitre du Coran, que chaque musulman doit répéter 17 fois dans les cinq prières quotidiennes, dit: "Dirige-nous vers le chemin droit. Le chemin de ceux que tu as gratifiés, contre lesquels tu n'es pas en colère et qui ne sont pas égarés. Or, l'écrasante majorité des exégètes affirment, sans réfutation aucune, que ces deux catégories désignent respectivement les juifs et les chrétiens, comme je le démontre à travers l'examen de 88 exégèses anciennes et modernes, dans mon ouvrage intitulé La Fatiha et la culture de la haine. Et ceci est enseigné aussi aux enfants. Comment voulez-vous que des musulmans répétant 17 fois par jour de telles invocations haineuses à l'égard des non-musulmans puissent s'intégrer dans la société française? En outre, comment voulez-vous que des musulmans puissent s'intégrer parmi des gens que le Coran qualifie de mécréants (*kafirs*, terme constituant la pire insulte possible en langue arabe) et avec des juifs que le Coran dit transformés en porcs et en singes?

À ces problèmes juridiques et cultuels qui favorisent l'apartheid, j'ajouterai le jeûne du Ramadan, qui empêche toute activité normale et freine tout progrès économique pendant un mois, et affecte la santé des musulmans.

Monsieur le premier ministre, ces normes islamiques doivent être combattues par votre pays afin d'assurer l'intégration de la communauté musulmane en France. Il est de votre devoir d'assurer la suprématie de la loi française sur le territoire de votre pays et de refuser l'octroi de l'asile politique, du permis de séjour et de la nationalité à ceux qui refusent de se plier aux lois françaises. Vous devez exiger des imams qui officient dans votre pays qu'ils prêtent un serment d'allégeance à votre pays, qu'ils se soumettre à ses lois et ne prônent pas les normes islamiques contraires à ces lois. Cela nécessite une profonde remise en question des enseignements islamiques qui contribuent à l'apartheid dans votre pays et menacent la paix religieuse entre les communautés. Ces imams doivent être formés en France, dans le respect des lois françaises, et non pas importés, avec leurs normes désuètes contraires à vos lois et aux conventions internationales signées par votre pays.

Veuillez agréer, Monsieur le premier ministre, l'expression de ma haute considération.

5) Seule la vérité pourra sauver les musulmans

Sous ce titre, le Journal 24 Heures a publié le 6 mars 2015 cette interview que j'ai donnée au journaliste Federico Componovo[1]:

Une pluie de publications, un enseignement dispensé à travers l'Europe entière, des conférences – la dernière, il y a quelques semaines, devant la Société vaudoise de théologie –, une vie consacrée à l'étude du droit arabe et musulman.

Né en 1949 à Zababdeh, près de Jénine en Cisjordanie, Sami Aldeeb Abu-Sahlieh est un juriste qui n'a pas peur de ses convictions. A ses yeux, le Coran, qu'il a notamment traduit en français en classant les sourates par ordre chronologique, porte en lui les germes de la violence. Rencontre dans la maison de Saint-Sulpice où il vit avec son épouse.

Depuis les événements tragiques du mois de janvier, la plupart des discours officiels tendent à disculper l'islam de cette violence. Vous soutenez la thèse contraire. Pourquoi?

Les fondements du droit musulman, qui a pour première source le Coran et qui est la matière que j'enseigne, sont la clé pour comprendre ce que l'islam est devenu. Le Coran a été révélé de 610 à 622 à La Mecque, et de 622 à 632 à Médine. Si le Coran de La Mecque peut être qualifié de plus ou moins pacifique, le Coran de Médine est par contre un texte qui accompagne le nouvel Etat islamique guerrier, qui vise à s'étendre par la conviction ou, à défaut, par l'épée. Tant que les gens sont d'accord de se convertir à l'islam, il n'y a pas de problème. Mais ceux qui refusent de le faire de bon gré ont le choix entre le paiement du tribut en état d'humiliation ou l'épée s'ils sont monothéistes, ou simplement l'épée s'ils sont polythéistes (verset 9:29). C'est ce qu'applique Daech dans les territoires qu'elle

---

[1]   http://goo.gl/aw3vaf

domine, allant jusqu'à enterrer vivants des centaines de Yézidites (enfants, femmes, hommes et vieillards) considérés comme polythéistes pour avoir refusé de se convertir à l'islam. Cette doctrine est valide en tout temps et en tout lieu tant que les musulmans ont le pouvoir de la mettre en pratique. Le Coran dit aux musulmans de n'appeler à la paix qu'en état de faiblesse (verset 47: 35). La doctrine de Daech se trouve même dans les livres juridiques d'Averroès, pourtant considéré à tort comme un philosophe éclairé par les Occidentaux.

En France et ailleurs, il est plus facile de se moquer du christianisme que de l'islam. Comment l'expliquez-vous?

L'Occident a intégré dans son système de pensée la liberté d'expression pour faire face aux excès de l'Eglise et des autorités politiques inféodées à cette dernière. Face à l'islam, l'Occident préfère se taire, soit par peur de la réaction de la communauté musulmane, soit parce qu'il ignore le danger que représente l'islam. Il y a donc un manque de discernement de la part des autorités politiques occidentales. Si vous diagnostiquez un danger de façon erronée, vous payerez toujours la facture de votre mauvais diagnostic en subissant des conséquences que vous n'avez pas prévues. Imaginez ce qu'a coûté la traque de deux individus par des milliers de soldats et de policiers après la fusillade meurtrière contre Charlie Hebdo!

Vous ne croyez pas à la possibilité de vivre ensemble?

La vie est un combat continuel et désespéré, bien sûr, mais j'ai envie de vous répondre qu'il est presque trop tard. Je ne pense pas que nous disposions du personnel politique capable d'avoir le courage et les facultés de raisonnement nécessaires en pareilles circonstances. Prenons à nouveau l'exemple de la France: depuis plusieurs semaines, il y a des arrestations pratiquement tous les jours, sur l'ensemble du territoire, apparemment parce que l'on s'est aperçu qu'il y avait un péril. Nous sommes donc fondés de poser une simple question aux autorités: où étiez-vous avant, et que faisiez-vous?

Comment devraient se comporter nos démocraties avec les musulmans qui décident d'y vivre sans les comprendre?

Il faut leur expliquer que leur système de pensée ne correspond pas au nôtre. Je prends un exemple imagé: si la reine d'Angleterre vient en visite officielle en France, on ne peut en aucune manière permettre à son chauffeur de conduire à gauche, quels que soient la sympathie et le respect que l'on puisse éprouver pour le monarque. Ce serait un grave danger pour elle et pour les autres. L'exemple routier est choisi à dessein: à Paris, il existe des rues qui sont bloquées à l'heure de la prière. Comment peut-on le tolérer? On nous rebat les oreilles avec l'intégration: mais comment voulez-vous intégrer quelqu'un qui affirme que jamais il ne permettra à sa fille d'épouser un chrétien, alors même que les liens du sang sont la meilleure voie pour une véritable intégration? Et comment voulez-vous intégrer quelqu'un qui refuse d'être enterré avec des mécréants, qui veut être séparé d'eux jusque dans la mort?

Mais les musulmans scrupuleusement orthodoxes peuvent être également des citoyens loyaux de pays majoritairement non musulmans, non?

Le Coran impose au musulman le devoir d'obéir à la loi de Dieu, qu'il considère dans tous les cas supérieure à la loi de l'Etat. Il ne peut choisir les normes à appliquer comme vous choisissez votre repas à la carte (verset 2: 85). Le droit musulman est un tout: à prendre ou à laisser. On peut laisser tomber un certain nombre de normes en cas de faiblesse ou de contrainte, mais le musulman se sentira toujours coupable de ne pas appliquer l'ensemble des normes islamiques. Dès que l'occasion se présente, il revient à l'intégralité du texte et des pratiques. A moins d'abandonner totalement l'islam pour ne pas vivre dans une situation de schizophrénie. De ce fait, il y a un mouvement d'athéisme sans précédent parmi les musulmans. Remarquez que même les musulmans modérés ne céderont que très rarement sur certains principes qui sont pourtant contraires aux droits de l'homme, comme en matière de mariages mixtes ou de cimetières. C'est cela qui empêche la bonne intégration des musulmans dans la société occidentale.

Considérez-vous donc que l'islam soit incompatible avec nos lois?

Abdel Fattah al-Sissi, président de l'Egypte, pays musulman, ne dit pas autre chose quand il affirme qu'avec les normes musulmanes il est impossible de construire une société. Le droit musulman, dont la première source, je le répète, est le Coran, n'est pas compatible avec la modernité, avec la vie en commun. Stricto sensu, c'est une religion de conflits permanents. C'est bien la raison pour laquelle le président Al-Sissi, dans un discours prononcé au cœur de la mosquée Al-Azhar, l'une des plus anciennes universités islamiques, a sommé les imams de revoir l'ensemble de l'enseignement religieux.

Vous recommandez également que les imams et leurs prêches soient surveillés. Pour quelle raison?

Parce que les prêches des imams sont contrôlés dans tous les pays arabes, mais pas chez nous! En Egypte, par exemple, les textes des prêches des imams leur sont distribués par l'Etat. Les musulmans ne disposent pas d'autorité principale, à l'instar des catholiques, c'est donc à l'Etat de veiller au grain. Il faudrait aussi que les imams soient formés: aujourd'hui, il y a autant d'imams que de mosquées et donc d'opinions diverses qui échappent à tout contrôle. Savez-vous que, sur le territoire français, la moitié des appareils de brouillage sont achetés par les mosquées, afin d'empêcher l'enregistrement de ce qui se dit à l'intérieur?

Un débat sur la reconnaissance de la communauté musulmane a lieu dans le canton de Vaud. Quel est votre point de vue?

Je suis opposé à la reconnaissance de n'importe quelle communauté. Chacun est libre de constituer la communauté qu'il désire, selon les normes du Code civil, et c'est bien suffisant. En reconnaissant une communauté, on prend le risque de devoir reconnaître son droit: que fera-t-on si la communauté musulmane, un jour, demande que garçons et filles soient séparés dans les écoles? Une société moderne doit se garder d'accorder des passe-droits.

Le modèle laïque est-il une solution?

Il n'y en a pas d'autre, ne serait-ce que parce que tous les pays qui ont une gouvernance à composante religieuse sont politiquement faibles et exposés à d'incessants conflits.

La France a aboli le délit de blasphème et Charlie Hebdo en a fait son fonds de commerce. Comprenez-vous que les rescapés de la tuerie aient tenu à caricaturer à nouveau Mahomet dans le premier numéro?

Il ne s'agissait pas d'une caricature à proprement parler, c'était juste un dessin représentant le Prophète. Charlie Hebdo aurait fait ça ou autre chose, le résultat aurait été le même. Dernièrement, un journal palestinien a mis une ampoule allumée en couverture, et le président Abbas a ordonné une enquête afin d'établir si l'intention de la rédaction était de représenter Mahomet.

Avec les thèses qui sont les vôtres, ne craignez-vous pas pour votre vie?

On me pose souvent cette question, et je réponds toujours que je n'éprouve de haine pour personne. Je mets tous les prophètes dans le même sac, et tous les livres sacrés sont pour moi de sacrés livres. Je vois les musulmans comme des victimes, des prisonniers, auxquels je dis qu'ils ne devraient avoir peur de moi que si je leur mentais, parce que seule la vérité les sauvera. C'est le discours que je tiens depuis toujours à mes étudiants: il faut s'aimer les uns les autres, mais cela ne veut pas dire qu'il faut en faire de même avec les idées.